李江一 著

中國房地產市場的微觀經濟影響研究
理論與實證

前言

自1998年中國逐步實現住宅商品房市場化改革以來，住房價格持續高速上漲。據國家統計局數據顯示，自1999年以來，住宅商品房平均銷售價格除2008年略有下降外，其餘年份均在上漲。全國住宅商品房平均銷售價格由1999年的每平方米1,857元上升到2017年的每平方米7,614元，平均每年漲幅高達8.2%（複合年增長率）。而大中城市的房價上漲速度更快，北京、上海、廣州、深圳四個一線城市的房價年均增速分別為：11.5%、12.3%、10.4%、16.0%。不可否認，中國房地產市場的繁榮不但通過自身發展直接推動了經濟增長，而且通過帶動相關產業間接促進了經濟增長，房地產業已成為過去20多年經濟發展中的支柱產業。

然而，由於住房兼具消費品和投資品的雙重屬性，房價的快速增長使得房地產對經濟發展的影響不再局限於房地產業本身投資產生的拉動效應或對相關產業產生的帶動效應，房價增長會改變微觀個體經濟行為而最終影響經濟發展的傳導機制。鑒於此，本書利用中國家庭金融調查與研究中心（China Household Finance Survey, CHFS）在2011年、2013年、2015年與2017年採集的微觀家庭數據，從消費、創業、婚姻、生育與養老五個角度探討住房影響宏觀經濟的微觀渠道，為中國房地產市場發展對經濟增長的影響提供更全面的理解視角。

全書共分八章。第一章是導論；第二章為全書分析的基礎，主要通過回顧相關理論研究來梳理住房如何影響本書所關注的微觀經濟行為；第三章分析住房財富效應，並著重分析住房是否具有緩解流動性約束而促進消費的影響機制；第四章從另一個角度分析了住房對消費的影響，即人們有為購房而儲蓄的

動機和因償還住房貸款而撤出消費的傾向——「房奴效應」，並與財富效應進行了比較，從而更全面地揭示了住房對消費的影響；第五章分析了住房對家庭創業的影響及其影響機制；第六章分析了房價對傳統婚姻觀、生育觀與養老觀的影響；第七章利用全國2005—2012年330個地級以上城市的面板數據以及中國家庭金融調查與研究中心在2011年、2013年、2015年與2017年採集的微觀家庭數據分析了房價對人口出生率的影響；第八章對全書的結論及政策含義進行了總結，並對今後可進一步深入研究的方向進行了展望。

目錄

1 導論 / 1
   1.1 研究背景和研究意義 / 1
   1.2 研究思路與研究方法 / 5
   1.3 研究內容與研究框架 / 6
   1.4 主要創新點和不足 / 8

2 文獻綜述 / 11
   2.1 住房市場發展與經濟增長相關文獻 / 11
   2.2 住房影響微觀家庭行為的相關理論研究 / 15
      2.2.1 住房影響消費的理論解釋 / 15
      2.2.2 住房影響創業的理論解釋 / 18
      2.2.3 住房影響婚姻、生育、養老的理論解釋 / 20

3 住房財富效應的再檢驗 / 22
   3.1 文獻回顧與研究假說 / 22
   3.2 數據來源、變量與描述統計 / 27
      3.2.1 數據來源 / 27
      3.2.2 變量 / 27
      3.2.3 變量描述統計 / 29
   3.3 研究方法與計量模型設定 / 31

3.4 迴歸結果分析 / 32

　　3.4.1 住房財富效應的存在性檢驗 / 32

　　3.4.2 住房財富影響消費的機制 / 34

　　3.4.3 住房緩解流動性約束的幾個例證 / 37

3.5 穩健性檢驗 / 50

3.6 進一步的討論：「房奴效應」抑制了財富效應嗎？ / 53

3.7 結論與政策建議 / 54

4 「房奴效應」與財富效應的比較研究 / 56

4.1 典型事實 / 56

4.2 文獻回顧 / 57

　　4.2.1 中國居民長期消費不振的解釋 / 57

　　4.2.2 負債對消費的影響 / 59

4.3 數據來源、變量與描述性統計 / 60

4.4 研究方法與計量模型設定 / 62

　　4.4.1 「為購房而儲蓄」擠出消費的檢驗 / 62

　　4.4.2 償還住房貸款抑制消費的檢驗 / 64

4.5 迴歸結果分析 / 65

　　4.5.1 「為購房而儲蓄」擠出消費的檢驗 / 65

　　4.5.2 償還住房貸款抑制消費的檢驗 / 69

4.6 穩健性檢驗 / 72

　　4.6.1 「為購房而儲蓄」擠出消費的穩健性檢驗 / 72

　　4.6.2 償還住房貸款擠出消費的穩健性檢驗 / 76

4.7 進一步的討論：「房奴效應」還是財富效應？ / 78

4.8 結論與政策建議 / 79

5 住房對家庭創業的影響 / 80

    5.1 文獻回顧 / 80

    5.2 制度背景 / 82

    5.3 數據來源、變量與描述統計 / 83

        5.3.1 數據來源 / 83

        5.3.2 變量、數據處理與描述統計 / 84

    5.4 研究方法與計量模型設定 / 88

    5.5 迴歸結果分析 / 90

        5.5.1 住房與創業參與 / 90

        5.5.2 住房與退出創業 / 96

        5.5.3 住房促進創業的影響機制 / 97

        5.5.4 住房影響創業的其他渠道分析 / 104

    5.6 結論與政策建議 / 106

6 房價對傳統婚姻觀、生育觀與養老觀的影響 / 108

    6.1 文獻回顧 / 108

    6.2 數據來源、變量與描述統計 / 110

    6.3 研究方法與計量模型設定 / 115

    6.4 實證結果分析 / 116

        6.4.1 房價與婚姻觀 / 116

        6.4.2 房價與生育觀 / 119

        6.4.3 房價與養老觀 / 121

        6.4.4 影響機制分析 / 124

    6.5 結論與政策建議 / 125

7 房價對生育的影響 / 127

    7.1 文獻回顧 / 127

    7.2 理論分析 / 130

    7.3 數據、變量與描述統計 / 131

    7.4 研究方法與計量模型設定 / 134

    7.5 實證結果分析 / 135

    7.6 進一步分析：生育進度與生育意願 / 146

    7.7 結論與政策啟示 / 151

8 全書結論、政策含義與研究展望 / 153

    8.1 研究結論與政策含義 / 153

    8.2 研究展望 / 155

參考文獻 / 157

1 導論

1.1 研究背景和研究意義

自1998年中國實現住宅商品房市場化改革以來，中國房地產市場得到飛速發展。房地產已成為影響宏觀經濟運行、微觀個體經濟決策的重要因素之一。從宏觀層面來看，根據國家統計局數據（見圖1-1），在全社會固定資產投資中，房地產業所占的比例僅次於製造業。房地產業固定資產投資比例在2009年以前始終處於平穩下降趨勢，但在2008年實施四萬億經濟刺激計劃後迅速增長，並在2013年達到歷史峰值，為26.6%。2013年後，受住房調控政策的影響，房地產固定資產投資比例開始下降，與此同時，製造業固定資產投資比例也呈下降趨勢。在當前中國居民消費需求不足的背景下，房地產業的飛速發展成為經濟增長的有力保障。圖1-2的數據與圖1-1中的數據高度一致，顯示房地產業增加值占GDP的比重在2008年後上升到一個新的臺階，並在2018年達到歷史峰值，為6.6%。除了通過自身投資直接拉動經濟增長外（黃忠華，等，2008），由於房地產業與其他相關行業具有較強的聯動性，房地產業的發展還能帶動其他行業的發展來促進經濟增長（王國軍，劉水杏，2004；梁雲芳，等，2006）。以建築業為例，圖1-2顯示，建築業增加值占GDP的比重在2008年後進一步提升，其走勢與房地產業增加值占GDP的比重的走勢高度相似，這在一定程度上表明房地產業的發展帶動了建築業的發展。

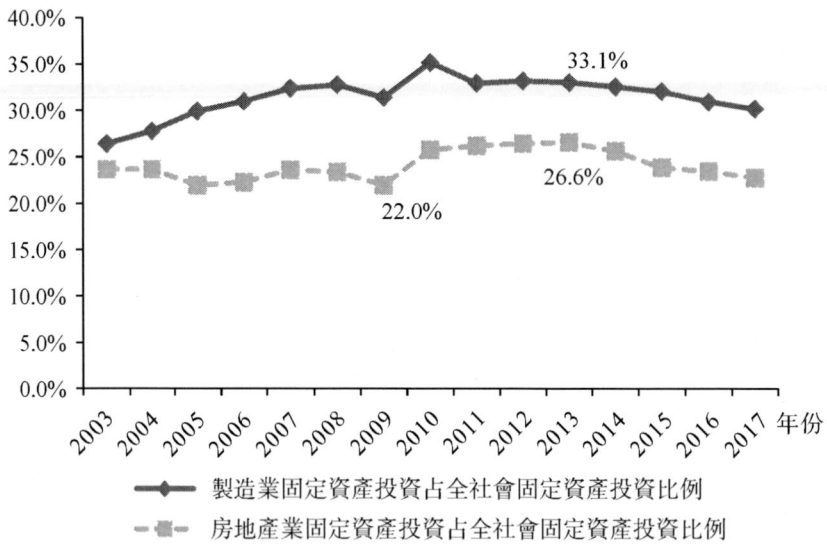

圖 1-1　製造業與房地產業固定資產投資占全社會固定資產投資的比例

數據來源：中華人民共和國統計局。

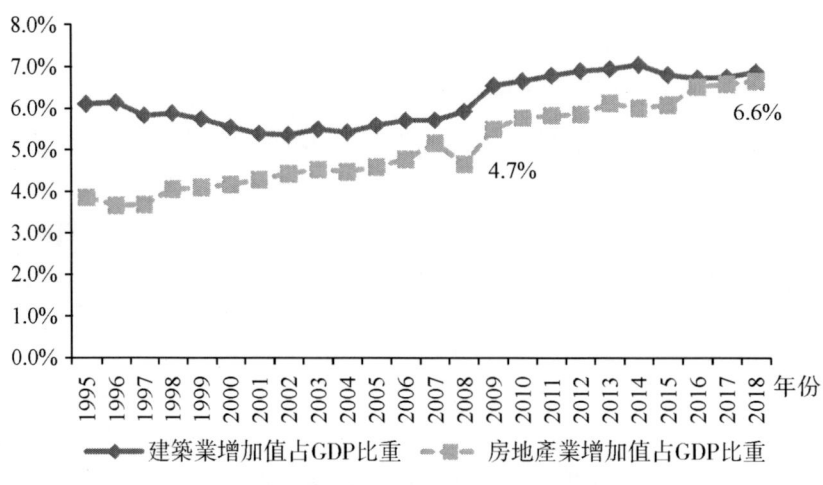

圖 1-2　建築業、房地產業占 GDP 的比重

數據來源：中華人民共和國統計局。

房地產市場繁榮的背後是中國房價的全面快速上漲。伴隨著房地產市場化改革的完成、城市化進程的快速推進、居民可支配收入的迅速提高，住房剛性需求和投資性需求得以大量釋放，中國步入一個房價高速增長的經濟發展階段。國家統計局數據顯示（見圖 1-3），自 1999 年以來，住宅商品房的平均銷

售價格除2008年略有下降外，其餘年份均在上漲，全國住宅商品房的平均銷售價格由1999年的每平方米1,857元上升到2017年的每平方米7,614元，平均每年漲幅高達8.2%①。而大中城市的房價上漲速度更快，北京、上海、廣州、深圳四個一線城市的房價年均增速分別為：11.5%、12.3%、10.4%、16.0%。由於住房兼具消費品和投資品的雙重屬性，房價的快速增長使得房地產對經濟發展的影響不再局限於房地產業本身投資產生的拉動效應或對相關產業產生的帶動效應，房價增長通過改變微觀個體經濟行為而最終影響經濟發展的傳導機制不容忽視。比如，住房在中國是否具有促進消費的財富效應仍存較大爭議，房價上漲是否通過加重居民購房負擔而擠出消費成為學者們長期關注的話題，而住房這一家庭重要的抵押品是否在家庭創業過程中發揮了重要作用仍未獲得一致結論，此外，沉重的購房負擔是否導致中國居民婚姻、生育、養老行為發生變化這一問題仍處於研究的空白階段。更為重要的是，宏觀經濟現象是微觀個體行為的加總，但僅通過對宏觀數據的分析，我們難以把握經濟運行的內在邏輯，而且宏觀數據通常存在加總偏誤的問題。因此，探討住房的微觀影響機制對於全面理解房地產市場運行對經濟發展的影響具有重要的理論和實踐意義。

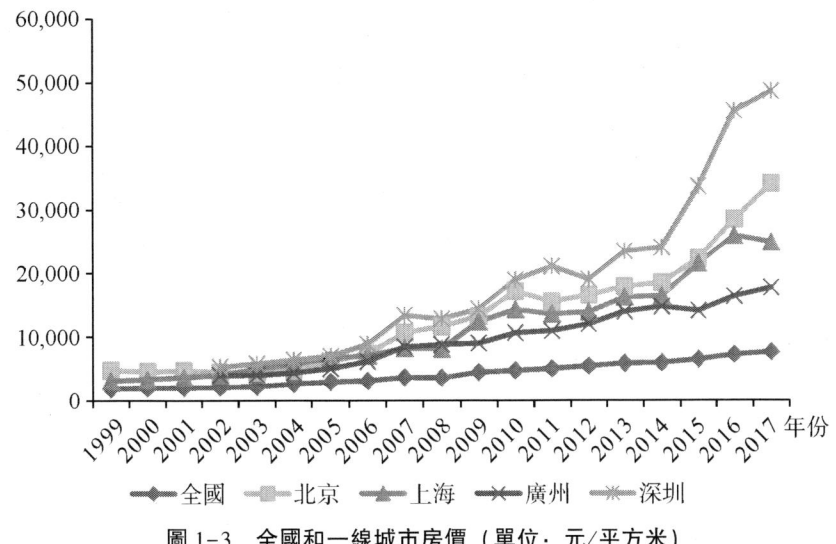

圖1-3　全國和一線城市房價（單位：元/平方米）

數據來源：中華人民共和國統計局。

家庭作為住房的最終需求者和所有者，住房價格的上漲必然影響家庭的購

---

① 按複合年增長率計算。

房決策，同時，住房價格的持續高速上漲也使得房產日益成為家庭最重要的財產。中國家庭金融調查（China Household Finance Survey，CHFS）2011年與2013年的調查數據顯示，城鎮地區家庭的住房資產占總資產的比重從2011年的62%上升到2013年的66%[①]，同時，城鎮地區家庭自有住房擁有率也從2011年的84.8%上升到2013年的87.0%[②]。在歐美等發達國家，房產在家庭財富中的比例相對較低，但仍在所有資產類別中位居首位。以美國為例，根據2010年美國消費者金融調查（SCF）的數據，住房資產在家庭總資產中的比重為37%，其自有住房擁有率也在60%以上。住房財富在家庭財富中的重要地位必然影響家庭的消費、儲蓄、創業等微觀經濟行為，而家庭作為市場最基本的經濟單位之一，其行為的改變必然對宏觀經濟運行產生深刻而長遠的影響，正如Becker（1988）所指出的：「家庭行為是宏觀經濟運行中的內生變量而非外生變量，家庭行為對經濟發展起著巨大的作用，同時經濟演進也在很大程度上改變著家庭的結構與決策。」2008年，美國次級抵押貸款危機便是房地產市場波動導致家庭經濟行為發生改變，進而導致整個宏觀經濟發生劇烈波動的例證。

  從家庭層面來研究住房影響宏觀經濟的微觀渠道也是本書的研究目的所在。為較全面地考察住房對家庭微觀經濟行為的影響，結合本書所使用的數據，本書從經濟學與社會學的角度選取五類家庭微觀經濟行為或觀念，即消費、創業，以及傳統的婚姻觀、生育觀、養老觀，通過深入研究住房價格、住房財富與這五類經濟活動或觀念間的相互作用機制及其結果來揭示房地產市場運行影響經濟發展的微觀傳導渠道。

  目前，中國房地產市場在經歷了持續升溫後，其價格還處於高位運行狀態。在以穩定住房價格為目的的宏觀調控背景下，對住房價格、住房財富與家庭行為間相互作用機制及其結果的定量研究不僅可在理論上豐富學者們對中國房地產市場發展的認識，從而有助於其清晰地把握房地產市場發展與宏觀經濟運行之間的內在聯繫；而且可在實踐上為宏觀經濟政策的制定提供參考與證據支撐，從而有助於房地產市場和整個經濟的健康平穩發展。首先，當前中國經濟發展進入新常態，經濟增速放緩成為必然，此時，是調整經濟發展思路以建立經濟增長的長效機制還是繼續靠刺激房地產來拉動經濟增長成為政策制定者面臨的難題；其次，在國家鼓勵「大眾創業，萬眾創新」的新浪潮中，如何

[①] 該比例是指所有家庭房產均值占總資產均值的比重，包括有房家庭和無房家庭。
[②] 數據來源於作者根據CHFS數據的計算。

發揮住房的抵押融資功能以緩解創業者在創業初期面臨的「融資難、融資貴」的難題是一項具有重要現實意義的課題；最後，在中國人口紅利逐步消逝、人口日趨老齡化的背景下，研究住房成本對家庭傳統的婚姻觀、生育觀、養老觀的影響可為未來家庭婚姻、生育、養老行為的演變提供參考。而對這些問題的解答也構成了本書的研究內容。

1.2 研究思路與研究方法

本書旨在實證檢驗住房的微觀影響機制，全書遵循「理論分析—文獻回顧—發現不足—提出創新—得出結論—政策含義」的研究思路。首先，我們借鑑現有研究從理論上詳細闡述住房對每一類經濟行為的作用渠道；其次，針對住房對每一類經濟行為的作用渠道，對國內外學者的相關實證研究進行梳理和回顧，通過文獻的整理，找出現有研究的不足，進一步明確本書研究的創新之處和意義；最後，比較本書的研究結論與以往研究的區別，在此基礎上提出相應的政策建議，並進一步指明今後的研究方向。

本書在分析過程中採用了多種研究方法：

第一，理論闡述與實證分析相結合。本書主要通過建立計量經濟學模型進行分析，同時，我們詳細闡述了每一個計量經濟學模型背後的理論基礎，比如與消費相關的生命週期-持久收入假說、預防性儲蓄理論、流動性約束理論、債務-通貨緊縮理論，與創業相關的信貸約束理論，以及與傳統的婚姻觀、生育觀、養老觀相關的新家庭經濟學理論。本書的難點和重點也是對每一類經濟行為背後的理論機制進行實證檢驗。

第二，微觀與宏觀相結合。微觀與宏觀的結合體現在兩方面，首先是微觀數據與宏觀數據的結合，本書既採用了來自中國家庭金融調查與研究中心的高質量微觀數據，也採用了來自《中國城市統計年鑑》《中國區域經濟統計年鑑》的地級及以上城市的房價、GDP、人口出生率等宏觀數據，從而實現了對住房價格、住房財富與家庭行為間的相互作用機制及其結果的定量研究。其次，本書的目的是通過探討住房的微觀影響機制來揭示房地產市場波動對宏觀經濟的最終影響，因此，將微觀結論轉化為宏觀結果是實現本書研究目標的方法之一。

第三，在實證分析方面，為保證本書研究結論的可信性與穩健性，全書運用了多種計量經濟學模型進行分析。比如，在分析住房的財富效應與「房奴效應」時，我們使用了面板數據固定效應模型與基於傾向匹配估計的固定效

應模型，固定效應模型可以有效緩解不隨時間變化的非觀測異質性導致的內生性問題，而基於傾向匹配估計的固定效應模型又可進一步克服樣本選擇偏誤（Selection Bias）的問題；在分析住房與創業之間的關係時，我們使用控制函數法（Control Function）進行估計，其思想源於 Heckman（1978）提出的轉換迴歸模型（Switching Regression Model），該方法可有效地克服由於樣本自選擇（Self-selection）導致的內生性問題；在分析房價對傳統婚姻觀、生育觀、養老觀的影響時，我們採用經典的兩階段最小二乘迴歸（2SLS）來克服房價的內生性問題，並採用差分廣義矩（Difference GMM）估計分析了房價對人口出生率的影響。

第四，比較分析。本書的分析是在現有研究基礎上進行的有益的拓展和補充，為體現本書的創新之處，本書廣泛地與現有研究進行了對比，從指標構造、變量選取到研究方法再到研究結論，本書的研究都能體現出與現有研究的不同。

1.3 研究內容與研究框架

本書的研究涉及的內容如下：

首先，本書第二章是全書的基礎。該章首先通過回顧相關文獻闡述了住房市場發展對宏觀經濟是否有影響，只有當這一問題得到明確回復時，分析住房價格、住房財富對家庭經濟行為的影響才具有現實意義。同時，該章詳細梳理了關於住房影響本書所選取的幾類家庭行為的理論解釋，本書的重點和難點是對住房如何影響每一類家庭行為背後的理論機制進行檢驗。

其次，本書第三章、第四章將考察住房對消費的影響。住房對家庭消費的影響主要來自兩個方面，一方面，住房作為家庭資產組合的一部分，其具有投資品的特點，住房財富的增加可能產生促進消費的財富效應。另一方面，住房作為一種消費品，其需求具有很強的剛性，同時，由於市場存在首付要求、最小住房面積要求等市場摩擦，絕大部分家庭在購買住房前需要有相當數額的儲蓄，在此期間，家庭的消費可能減少，而儲蓄隨之增加。在購房後，住房貸款形成家庭負債，償還住房貸款將降低家庭的可支配收入，由此可能進一步抑制家庭消費。學者們通常將家庭為購買住房而極力儲蓄所造成的對消費的擠出，以及購買住房後因償還住房貸款對消費的長期抑制稱為「房奴效應」（顏色、朱國鐘，2013）。當前研究主要集中於對住房財富效應是否存在及其傳導機制的分析，對「房奴效應」的研究較少。本部分將綜合考慮住房的財富效應與

「房奴效應」，並深入分析二者背後的影響機制，從而為住房對消費的影響提供更全面的理解，彌補了現有研究的不足。同時，通過比較住房財富效應和「房奴效應」，可從整體上判斷當前房地產市場發展對居民消費而言是以促進為主還是以抑制為主。

再次，本書第五章將考察住房對創業的影響。創業作為促進中國經濟快速穩定增長的重要因素，一方面，它有助於分散經濟風險，進一步完善現代市場經濟體系，提升中國經濟的國際競爭力；另一方面，創業在推動技術創新、吸納就業人口和推進城鎮化等方面發揮著不可替代的作用。以吸納就業人口為例，截至 2011 年年底，全國就業人員數量合計達 7.64 億以上。其中，私營和個體企業吸納的就業人口就達 1.83 億以上，占總就業人口的 23.9%[①]，而 2001 年年底，該項統計指標僅有 7,474 萬人，占總就業人口的 10.2%[②]。因此，探討如何促進創業具有重要的政策含義。家庭的創業行為是創業浪潮中的主力軍，中國家庭金融調查的最新調查數據顯示，截至 2013 年，全國小微企業總數約為 5,558 萬個，其中以家庭為主要經營單位的個體工商戶約 4,423 萬個[③]。

在影響家庭創業活躍度的因素中，缺乏啓動資金是創業者實現創業夢想的重要障礙（Evans & Jovanovic，1989），普通家庭很難獨立承擔創業初始資本的投入，因此，正規金融機構提供的經營性信貸就在家庭的創業活動中發揮著重要作用。然而，由於信息不對稱，並非所有的創業信貸需求都能得到滿足，銀行為規避風險更傾向於發放安全性較高的抵押貸款，而住房作為家庭創業開創時期最重要的抵押品，可以緩解家庭在創業過程中融資難的問題，進而促進創業的發生，提高整個經濟社會的創業活躍度。本書第五章將基於微觀數據對住房的這一作用機制進行檢驗。

最後，本書第六章將考察房價對家庭傳統婚姻觀、生育觀、養老觀的影響。婚姻和家庭是人們基本的社會關係和群居的基本生活單位，聯繫著千家萬戶，是社會安定的重要因素（盧淑華，1997），結婚生子、撫養子女、贍養老人被認為是個體成長的自然過程，也是一個家庭延續後代、和諧幸福的保證。

---

① 數據來源：國家統計局. 中國統計年鑒 2012 [M]. 北京：中國統計出版社，2012。除此之外，《中國家庭金融調查報告 2012》顯示，中國私營或個體企業雇用勞動力占企業雇用勞動力的 62.7%，占從業人員比例的 38.4%。

② 數據來源：國家統計局. 中國統計年鑒 2002 [M]. 北京：中國統計出版社，2002.

③ 數據來源於中國家庭金融調查與研究中心發布的《中國小微企業發展報告 2014》。此外，全國工商總局於 2014 年 3 月 28 日發布的《全國小微企業發展報告》顯示，小微企業總數為 5,606 萬個，其中，個體工商戶 4,436 萬個。

在新家庭經濟學理論中，婚姻、生育與養老均可視為一種正常品，而其價格便是為了獲得上述正常品所需付出的成本。家庭所面對的整個消費品市場價格體系的變化都可能導致婚姻、生育、養老的影子價格朝不同方向上升或下降，而住房就是經濟增長過程中因城市化和要素稀缺所導致的家庭預算約束中相對價格變化最為劇烈的耐用品之一（易君健，易行健，2008）。受中國傳統文化的影響，擁有住房通常是結婚的必備條件，婚房通常由男方父母準備，而性別比的嚴重失衡①以及高昂的房價使得住房成為男性在婚姻市場競爭的重要籌碼（Wei & Zhang, 2011）。即使在成婚後，普通家庭仍面臨著長期沉重的房貸償還負擔及養育下一代的壓力，許多父母為減輕子女負擔，不但可能會傾其所有為子女籌集首付，還會在長期內給予子女經濟支持，這可能掏空父母的養老儲蓄，進而造成父母在年老時不得不依靠子女養老。

本書第六章將從以下幾個方面考察房價對家庭經濟行為的影響：第一，高房價是否改變了人們傳統的「男大當婚、女大當嫁」的婚姻觀？第二，高房價是否使得人們在擇偶時更看重對方的經濟條件？第三，高房價是否改變了人們傳統的「多子多福」「重男輕女」「養兒防老」的生育觀？第四，高房價是否使得父母不得不更加依靠子女養老？婚姻觀、生育觀與養老觀雖然與人們相對應的實際行為有偏差，但卻在很大程度上預示著家庭經濟行為的演變，由此可以幫助政策制定者採取預防措施，以防止高房價對家庭經濟行為的非正常改變。同時，本章最後還將利用中國2005—2012年330個地級以上市、州的面板數據分析房價對人口出生率的影響，從而為「房價改變生育觀，進而改變生育行為」的影響路徑提供證據支撐。

結合本書的研究思路與研究內容，全書的邏輯框架可用圖1-4形象地表示。

1.4 主要創新點和不足

本書的創新點主要體現在如下幾個方面：

第一，本書的選題具有一定的新穎性。在經濟增速放緩，經濟發展進入新常態的大背景下，探討房地產市場微觀與宏觀的聯繫有助於全面理解房地產市場波動對經濟發展的影響，這對於實現經濟發展轉型升級具有重要的理論和實踐意義。房地產政策調控不應再局限於房地產業本身投資產生的拉動效應或對

---

① 根據第六次人口普查數據，截至2010年，中國男女性別比已高達118.06∶100。

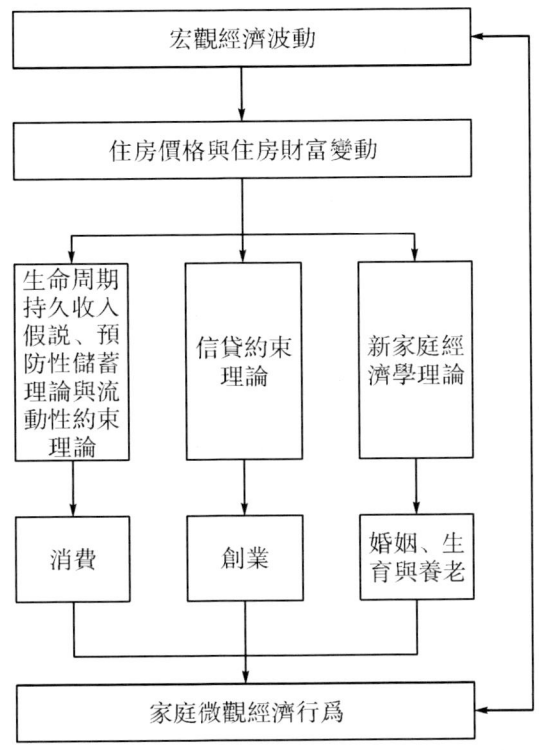

圖 1-4　本書的研究框架

相關產業產生的帶動效應，政策制定者應充分認識到住房通過改變微觀個體行為而最終影響宏觀經濟的傳導渠道，這有助於揭示過度依賴房地產行業對經濟發展可能造成的不利影響，從而建立房地產業與整個經濟平穩、健康、協調發展的高效增長機制。

第二，研究方法的創新。如本章第二小節所述，本書採取多種計量經濟學方法對模型估計中存在的遺漏變量偏誤、樣本選擇偏誤、樣本自選擇等原因導致的內生性問題進行了修正，有效地保證了本書研究結論的可信性和穩健性。

第三，本書使用的數據具有較強的代表性和時效性。本書採用中國家庭金融調查 2011 年與 2013 年的微觀調查數據，該數據庫具有全國代表性，基於調查數據所產生的政策報告已在社會上產生了廣泛影響，這保證了本書將微觀研究結論轉化為宏觀結果的準確性。同時，該調查緊貼當前中國經濟改革的歷程，這使得本書的政策建議更具針對性和時效性。比如，中共中央第十八屆三中全會通過的《中共中央關於全面深化改革若干重大問題的決定》中提出：「賦予農民更多財產權利，保障農戶宅基地用益物權，改革完善農村宅基地制

度，選擇若干試點，慎重穩妥推進農民住房財產權抵押、擔保、轉讓，探索農民增加財產性收入的渠道。」本書對住房與創業間關係的研究為該政策的實施提供了證據支撐。

當然，本書仍存在諸多不足，這有待今後進一步完善和改進：

首先，由於數據的限制，本書無法全面考察住房對家庭所有微觀經濟行為的影響。現有研究還表明，住房財富對家庭的金融市場參與和資產配置（Chetty & Szeidl, 2016）、勞動力流動（Plantinga, et al., 2013）以及教育獲得（Lovenheim, 2011）等諸多方面都會產生顯著影響。而這些影響在中國是否存在可作為未來的研究課題進一步展開。

其次，在研究方法上，儘管本書試圖克服模型估計中存在的內生性問題，但仍存在一定的不足。比如，遺漏變量可能同時導致本書所關注的變量和其他控制變量產生內生性問題，但由於尋找工具變量的不易，本書無法詳細考察每一個變量的內生性問題。即使是本書中使用到的工具變量也可能存在弱工具變量（Weak IV）和過度識別（Over Identificatio）問題，這可能影響本書估計結果的一致性和有效性。

最後，本書在理論層面的創新不強。本書通過梳理現有理論研究來闡述住房對家庭經濟行為的影響機制，而沒有將本書關注的因素引入傳統的理論模型，進而推導出住房影響家庭微觀經濟行為的結構表達式（Structural Model），因此，本書大多數計量模型的設定實質上仍是簡約式（Reduced Form）的。此外，本書未將微觀研究結論引入宏觀經濟理論模型進行數值模擬（Simulation），從而獲得對宏觀經濟現象更準確的解釋也是本書的遺憾之一。

2　文獻綜述

本章試圖通過梳理國內外相關文獻回答這兩個問題：①住房市場發展與經濟增長之間是否存在因果聯繫？只有當這一問題得到明確回答時，分析住房價格、住房財富對家庭經濟行為的影響才具有現實意義；②住房影響本書所關注的五類經濟行為的理論基礎是否存在？這有助於本書在後文的實證分析中深入剖析住房影響每一類家庭經濟行為背後的傳導機制。

2.1　住房市場發展與經濟增長相關文獻

學術界對住房產業發展與經濟增長之間關係的討論由來已久，但遠未達成一致意見，與此相關的爭論主要集中於住房產業發展與經濟增長之間因果關係的識別。絕大多數學者發現住房投資是經濟增長的原因，而不是相反的情況。Green（1997）利用美國1959—1992年收入和產出的季度數據對住宅投資、非住宅投資和國內生產總值之間的關係進行了檢驗，研究發現，住宅投資是國內生產總值的格蘭杰原因，但非住宅投資與國內生產總值之間的因果關係卻相反，前者是果，後者是因。他們認為，住宅投資引領經濟週期而非住宅投資滯後於經濟週期。在隨後的研究中，Coulson和Kim（2000）、Wen（2001）、Gauger和Snyder（2003）等對美國不同時間段住宅投資與國內生產總值之間因果關係的檢驗均得出相似結論。上述研究均採用全國季度時間序列數據進行分析，Ghent和Owyang（2010）則基於美國51個城市1983—2008年的季度時間序列數據對住房投資與經濟增長之間的關係進行了再考察，由於數據的限制，他們以建築施工許可證數量（價值）、城市就業分別作為住宅投資和經濟增長的代理變量，研究發現，只有全國施工許可證數量可以帶動城市就業，而城市施工許可證數量引領城市就業的效應僅在部分城市發揮。研究還發現，無論是全國房價還是城市房價都對城市就業無引領效應。

僅僅依靠時間序列分析能在一定程度上揭示住房市場發展與經濟增長之間的因果關係，但難以實現對其影響機制的探討。因此，許多學者將住房納入標準的宏觀經濟模型，通過數值模擬來揭示住房影響宏觀經濟的傳導機制，其思想源於 Bemanke 等（1999）提出的金融加速器理論。該理論指出，由於金融市場本身的不完美，信貸市場的微小波動有可能對宏觀經濟造成巨大衝擊。這一理論被應用到房地產市場便是，當經濟中出現需求衝擊使家庭或企業的房地產抵押價值上升時，融資成本下降，投資或消費增加，引發新一輪的房價上升，從而使經濟變化具有自我增強的趨勢。基於該理論，Aoki 等（2004）在家庭部門決策模型中引入了住房的融資功能，均衡狀態下的數值模擬結果顯示，住房需求衝擊導致房價和家庭淨財富上升，從而提高家庭的外部融資能力，進而刺激產生新的住房需求和非住房消費需求。研究還發現，在該理論框架下，貨幣政策將通過住房的抵押功能對住房價格、住房需求以及非住房需求產生更大的乘數效應。Iacoviello（2004）將家庭部門的借貸能力與住房價值相聯繫也得出相似結論。Ren 和 Yuan（2014）不僅在經典的動態隨機一般均衡模型（DSGE）中引入了住房的融資功能，還考慮到了其對未來收入或生產率預期的信息衝擊和代理人的異質性，研究發現，只有同時考慮住房的融資功能和信息衝擊，住房投資才能引領消費和國內生產總值。研究還發現，消費和國內生產總值對信息衝擊的反應隨著家庭財富的增加而減小。一個更一般的理論分析來自 Iacoviello（2005），他在經典的 DSGE 模型中同時允許家庭和企業以住房作為抵押品來獲得借款。數值模擬結果顯示，當不考慮住房的抵押品功能時，住房需求衝擊對消費無顯著影響，甚至相關關係為負，但一旦引入住房的抵押品功能，住房價格每增長 1% 可使消費增長 0.2%，且數值模擬結果與基於美國 1974—2003 年季度時間序列數據得到的脈衝回應函數高度吻合，這表明住房通過緩解企業和家庭借貸約束而促進經濟增長是住房影響宏觀經濟的重要渠道。

也有學者發現住房產業發展對經濟增長的解釋力較弱或不具解釋力。Learmer（2007）考察了不同經濟發展階段住宅投資與國內生產總值之間的關係，研究發現，美國經濟在 1947—2007 年的年均增長率為 3.5%，但住宅投資只能解釋其中的 4.6%，即住宅投資對經濟增長的貢獻率只有 0.21。儘管住宅投資對經濟增長的貢獻較小，住宅投資卻可在經濟衰退時期對經濟發展起到較好的預警作用，作者對第二次世界大戰後美國經歷的十次經濟衰退進行分析後發現，除了 1953 年國防部門的經濟衰退（Department of Defense Downturn）以及 2001 年互聯網泡沫危機破滅外，其餘八次經濟衰退之前，住宅投資都出現

了嚴重的問題。實證分析表明，在這八次經濟衰退中，住宅投資的平均貢獻率達到 26.0%。Davis 和 Heathcote（2005）在多部門增長模型框架下討論了住宅投資與非住宅投資的波動性以及住宅投資對經濟增長的引領效應，數值模擬結果顯示，住宅投資的波動性強於非住宅投資，且與真實數據一致，但該模型不能解釋住宅投資引領經濟週期而非住宅投資滯後於經濟週期的現象。Nahm（2002）利用韓國 1970—1997 年的季度數據探討了住宅投資與國內生產總值之間的因果關係，研究發現，住宅投資與國內生產總值之間的關係隨時間變化而變化。在 20 世紀 80 年代，韓國住宅投資引領經濟增長，但在 20 世紀 70 年代和 20 世紀 90 年代，住宅投資與經濟增長相互影響。Walentin 和 Sellin（2014）基於瑞典宏觀季度數據的研究發現，住宅投資不能導致產出增加且滯後於產出，且該結論不會隨著樣本選取時間段的改變而變化。

近年來，中國房地產市場的繁榮也吸引了大量學者對中國住宅投資與經濟增長之間的關係進行研究。王國軍和劉水杏（2004）借助投入產出模型測量了中國及美國、日本、英國、澳大利亞 4 個發達國家房地產業和與其密切關聯產業的關聯度。結果表明，中國房地產業每增加 1 單位產值對各產業的總帶動效應為 1.416，其中對金融保險業的帶動效應為 0.145，居各產業之首。研究還發現，中國房地產業對相關產業的帶動效應高於美國、澳大利亞，但低於日本和英國。梁雲芳等（2006）利用中國 1995—2005 年的季度數據考察了房地產市場的外部衝擊對宏觀經濟的影響，脈衝回應函數的結果表明：房地產投資的衝擊對經濟增長具有長期影響，且對相關行業的拉動作用也較大。黃忠華等（2008）採用 1997—2006 年中國 31 個省（直轄市、自治區）的面板數據分析了全國及區域層面房地產投資對經濟增長的影響。研究發現，無論在全國還是區域層面，房地產投資都能引起經濟增長，其中東部、西部地區的房地產投資和經濟增長還存在相互影響的作用；房地產投資對經濟增長的貢獻和影響存在區域差異，其中東部地區最大，中部地區次之，西部地區最小，房地產投資對經濟增長的影響依賴於地區的經濟發展水準。周暉和王擎（2009）利用中國 1998—2008 年的季度數據，採用 BEKK 模型和 GARCH 均值方程模型實證檢驗了房地產價格、貨幣供應量與經濟增長的波動相關性以及它們的各種波動對經濟增長率的影響。結果表明，房價的波動以及房價與貨幣供應量的聯動會導致 GDP 增長率的下降，但房價的波動對經濟增長的波動沒有顯著影響，且房價與經濟增長的聯動對經濟增長的波動影響也不顯著。唐志軍等（2010）基於中國 1995—2008 年的季度數據，通過協調整和及向量自迴歸分析發現，房地產價格波動對社會消費品零售總額的波動具有顯著負向影響，但房地產投資的

波動對GDP增長率有顯著正向影響，房地產投資額的增長率每提升1個百分點，GDP增長率將上漲0.181個百分點。1個單位的房地產投資波動的衝擊在第4個季度時達到最大，之後緩慢衰減，這表明房地產投資的波動對GDP增長率有長期影響。Chen等（2011）基於中國省級面板數據的實證研究發現，住宅投資、非住宅投資和國內生產總值之間存在長期穩定的關係，其中，住宅投資既是經濟波動的引領者，也是經濟波動的追隨者。研究還發現，住宅投資與經濟波動的關係在不同區域也不相同。在西部欠發達地區，住宅投資對經濟增長的推動作用不明顯，貢獻率小於非住宅投資。作者認為，西部地區人口規模較小是造成這種現象的重要原因。張清勇和鄭環環（2012）運用中國1985—2009年各省（直轄市、自治區）的面板數據，再次檢驗了住宅投資與經濟增長之間的領先-滯後關係。結果表明，無論是1985—2009年全時段還是以1998年大規模房改為分界線的分時段，無論是全國各省市還是分區域的各省市數據，經濟增長引領住宅投資的單向格蘭杰因果關係是穩定的，但沒有證據支持住宅投資帶動經濟增長的論點。

綜上所述，住宅投資與經濟增長之間的關係在不同國家不相同，即使在同一國家內部，不同時間段內，住宅投資與經濟增長之間的關係也不相同。國際貨幣基金組織（IMF）2008年發布的《世界經濟展望》報告第三章對發達國家住房市場發展與經濟週期之間的關係進行了比較總結。報告顯示，在西班牙、日本、希臘、法國、加拿大、比利時、奧地利、澳大利亞，住宅投資引領經濟增長；但在德國、義大利、芬蘭、瑞典、挪威，住宅投資沒有引領經濟週期；在美國、荷蘭、丹麥、愛爾蘭、英國，住宅投資甚至加劇了經濟衰退，平均來看，住宅投資變動造成國內生產總值下降10.0%。報告還指出，不同國家住宅投資與國內生產總值的關係存在差異的原因在於不同國家影響住宅供給與住宅需求的因素不同。在勞動力市場彈性較大和建築業勞動力比重較高的國家，住宅需求的增加對住宅供給和建築業部門的就業影響更大，住宅投資對國內生產總值的解釋力也更強。

除了直接研究住宅投資與經濟增長之間因果關係的文獻外，還有一些研究通過分析住房市場發展與產業結構調整之間的關係來揭示其對經濟增長的影響渠道，已有研究發現，住房市場發展通過影響勞動力成本而對產業結構調整產生了重要影響。Helpman（1998）在Krugman（1991）提出的新經濟地理學標準模型的基礎上，引入了住房市場的因素，指出某地區的住房價格過高會影響勞動者的相對效用，進而抑制勞動力在該地區的集聚。Hanson等（2005）在隨後的實證研究中證實了Helpman（1998）的結論。通常而言，勞動力的流入

將影響一個地區的產業集聚程度，進而改變產業結構（Krugman，1991）。邵挺和範劍勇（2010）基於中國 1998—2008 年長江三角洲 16 個城市的面板數據，實證研究發現，房價過快上漲是導致長江三角地區製造業佈局分散化的重要原因。高波等（2012）基於對中國 35 個大中城市面板數據的研究發現，城市間的相對房價越高，相對就業人數越少，這將促使產業價值鏈向高端攀升，從而促進產業結構升級，邵朝對等（2016）對中國 282 個地級以上城市的分析同樣得出相似結論。本書從家庭這一更微觀的角度進行分析，是對現有文獻的有力補充。

2.2 住房影響微觀家庭行為的相關理論研究

通過回顧和梳理有關住宅投資和經濟增長之間關係的文獻可以發現，住房市場與宏觀經濟之間存在密切的聯繫，但要準確把握住房市場發展對宏觀經濟的影響需要探明其背後的影響機制，宏觀經濟學者已開始注意到研究住房影響宏觀經濟的傳導機制的重要性。其研究範式為：通過在傳統的動態隨機一般均衡模型中引入住房的某種特性（比如抵押品功能）或代理人的異質性，推導出新的市場均衡，在均衡狀態下模擬住房市場的衝擊對宏觀經濟指標的影響，並與真實數據相比較，進而推論出住房影響宏觀經濟的機制。利用宏觀經濟模型分析的優勢是可以得到住房市場衝擊對相關宏觀經濟指標的直接影響，但這也存在一定劣勢。首先，某種外部衝擊可能改變居民行為，從而使得原模型設定的分析不再適用，比如，房價上漲可能引發投資性購房需求，因此，模型設定應考慮市場存在兩類消費者。其次，數值模擬分析依賴於宏觀模型參數的設定，比如消費者偏好，同樣地，某種外部衝擊發生後也會改變原先的參數設定，從而影響分析結果的準確性。

從微觀視角來分析住房市場影響宏觀經濟的傳導機制可以避免宏觀分析中的不足，而由於家庭作為住房的最終需求者和所有者，從家庭的最優化決策出發來研究住房的微觀影響機制已成為當前房地產相關問題的研究熱點。下面將結合本書的研究內容對住房影響家庭行為的理論研究進行回顧和梳理。而與本書各部分研究內容相對應的實證文獻將在相應章節中呈現。

2.2.1 住房影響消費的理論解釋

住房對消費的影響可劃分為住房促進消費的財富效應和住房抑制消費的「房奴效應」。消費函數理論提供了住房財富效應產生的理論基礎，主要包括

四種理論解釋。首先，Friedman（1957）的持久收入假說（Permanent Income Hypothesis，PIH）把消費與持久的、長期的收入聯繫在一起，認為消費者在某一時期的收入等於暫時性收入加持久性收入。其中，暫時性收入是指瞬間的、非連續性的、帶有偶然性質的現期收入，如工資、獎金、遺產、饋贈、意外所得等，而持久性收入是與暫時的或現期的收入相對應的、消費者可以預期到的長期性收入，它實際上是每個家庭或個人長期收入的一個平均值，是消費者使其消費行為與之相一致的穩定性收入。與收入相對應，某一時期的消費也等於暫時性消費加持久性消費。其中，暫時性消費與暫時性收入之間沒有固定的比例關係；暫時性收入和持久性收入之間，暫時消費與持久性收入之間也沒有固定的比例關係；只有持久性消費和持久性收入之間存在固定的比例關係。其消費函數的基本形式是：

$$c_p = k(i, w, u)y_p \tag{1.1}$$

$$y = y_p + y_t \tag{1.2}$$

$$c = c_p + c_t \tag{1.3}$$

其中，y_p、y_t分別表示持久性收入與暫時性收入，c_p、c_t分別表示持久性消費和暫時性消費，持久性消費僅與持久性收入相關，相關係數$k(.)$取決於利率、財產性收入占持久性收入的比例w，以及影響消費者偏好的其他個體特徵u。w是衡量消費者預防性儲蓄動機的變量，財產性收入越高，預防性收入不確定的能力越強，從而增加了持久性收入中用於消費的比例，即$k(.)$是w的增函數。因此，房價上升可通過提高財產性收入而降低預防性儲蓄動機，進而促進消費。另一方面，持久收入假說強調消費者的理性預期，持續上漲的房價也會使消費者形成收入將持續上漲的預期，從而增加當期消費。

其次，Modigliani 和 Brumberg（1954）提出的生命週期假說（Life-cycle Hypothesis，LCH）直接將財富納入消費函數，該理論認為家庭的消費取決於他們在生命期內所獲得的總收入和財產，其消費函數形式為：

$$c = aW + bY \tag{1.4}$$

其中，W是家庭一生的財富，包括房地產、股票、儲蓄等，Y是家庭平均每期的勞動收入。因此，房地產財富的增值直接產生了促進消費的效應。

再次，Hall（1978）整合了持久收入假說和生命週期假說理論，該理論把持久收入理論對未來預期的強調和生命週期理論對財富和人口統計變量的強調結合起來，把財富當作總消費最重要的決定因素，形成了經典的生命週期-持久收入（LC-PIH）假說理論。在 Hall（1978）的經典研究中，他們發現，當期消費只能被滯後一期的消費或滯後多期的股票價格解釋，且滯後一期的消費

對當期消費的預測能力遠大於股票的預測能力，但滯後的收入不能幫助預測當期消費，即滯後一期的消費包含了足夠的信息，比如持久收入預期、財富預期等，從而能夠較大程度地解釋當期消費，其他任何信息都是冗餘的，這在一定程度上證明了生命週期-持久收入假說的正確性。

最後，流動性約束理論為住房財富促進消費的路徑提供了一種新的解釋。流動性約束理論認為，持久收入-生命週期假說關於個人能夠在同樣的利率水準上借入和儲蓄的假定與現實不符，現實經濟生活中存在著流動性約束。產生流動性約束的原因主要有四個：一是消費者沒有財富，所以不能將現有的財富變現或者將現有財富作為抵押獲得貸款；二是信貸市場的信息不對稱導致信貸市場存在道德風險和逆向選擇，這使得均衡的信貸利率高於信息對稱情況下的均衡利率；三是信貸市場本身不發達，消費信貸的規模和種類不夠多；四是各國對破產和取消貸款抵押贖回權的規定不同，破產程序越嚴，取消貸款抵押贖回權的期限越長，放貸者會更謹慎、更嚴格地審查借款人的資格。

因此，住房作為一種抵押品，可以緩解信貸市場的信息不對稱來幫助消費者獲得信貸，進而緩解流動性約束來促進消費。Iacoviello（2004，2005）從理論上闡明了住房通過緩解流動性約束來促進消費的機制，並從經驗上予以了證據支撐。

住房財富效應解釋了住房影響消費的一個方面，但這一效應僅存在於擁有住房的家庭。對於不擁有住房的家庭，高房價反而使得家庭不得不為了購房而極力儲蓄，從而抑制消費，這一現象可由目標性儲蓄理論解釋（餘永定、李軍，2000）。即使是擁有住房的家庭，也同樣面臨為償還沉重的住房貸款負擔而被迫壓低消費的問題，Fisher（1933）提出的「債務-通貨緊縮」理論可解釋這一經濟現象，該理論認為，過度負債可能導致經濟主體不得不為償還債務而壓縮當前消費，進而造成整個經濟需求疲軟，特別是遇到資產價格下跌或被動「去槓桿」等外部衝擊時，高債務成本與通貨緊縮相互作用，導致經濟陷入惡性循環而下滑。該理論很好地解釋了美國1929年的大蕭條。事實上，1990年，日本資產泡沫破裂是由於企業部門過度的信貸擴張（Koo，2008；Miller & Stiglitz，2010），而2008年美國次級抵押貸款危機也源於居民部門債務的飆升（Eggertsson & Krugman，2012；Mian & Sufi，2009；Mian & Sufi，2012；Mian & Rao，2013），由此可見，沉重的住房貸款負擔可能導致家庭過度負債，進而可能引發經濟危機。顏色和朱國鐘（2013）將住房對消費產生的兩方面的抑制稱為「房奴效應」。他們通過建立一個動態生命週期模型對「房奴效應」和「財富效應」如何影響房價與消費進行了理論研究和數值模

擬，模型同時考慮了多種市場摩擦，包括首付要求、最小住房面積要求、租房與買房的替代效應。研究發現，房價的無限期持續增長會促進國民消費，體現了「財富效應」。而如果房價的增長是非持續性的，特別是當房價增長是一次性時，房價上漲的「房奴效應」將成為主導，無房青年和剛買房的家庭由於首付和償還房貸的壓力而盡力儲蓄、壓縮消費，因此國民消費會因為房價上漲而受到壓制。但在現實中，房價不可能永遠持續上漲，因此，住房產生的「房奴效應」將成為主導。基於宏觀理論模型得出的結論能否得到微觀數據的證實是一個值得深入研究的課題，本書第三、四章將利用中國家庭金融調查 2011 年與 2013 年的數據檢驗住房財富效應與「房奴效應」是否存在及其影響機制。

2.2.2 住房影響創業的理論解釋

信貸配給理論是聯繫住房與創業的紐帶。該理論認為家庭創業需要投入大量資金，普通家庭很難在短期內籌集創業所需的全部資金，因此，正規金融機構提供的經營性信貸對於家庭能否成功創業至關重要。然而，由於信息不對稱，銀行為規避風險並不能完全滿足所有家庭的信貸需求，從而造成部分家庭的創業信貸需求受到信貸配給（Credit Rationing）限制。Stiglitz 和 Weiss（1981）從信貸市場信息不對稱的角度所建立的理論模型（以下簡稱 S-W 模型）為後來研究信貸配給問題提供了基本的分析框架。S-W 模型證明了當利率是銀行唯一可選擇的甄別工具時，由於信息不對稱所導致的逆向選擇與道德風險是產生信貸配給的根本原因。銀行面臨超額的資金需求但無法分辨單個借款人的風險水準時，提高利率將使低風險的借款人退出市場（逆向選擇行為），或者誘使借款人借款後選擇更高風險的投資項目（道德風險行為），從而使得銀行放款的平均風險上升。那些願意支付較高利息的借款人正是那些預期還款可能性低的借款人。因此，利率的提高可能降低而不是增加銀行的期望利潤，銀行寧願選擇在固定利率水準上拒絕一部分貸款要求，而不願意選擇在高利率水準上滿足所有借款人的申請，信貸市場的信貸配給均衡由此出現。S-W 模型同時指出：在借款人風險厭惡的假設下，銀行為規避風險而要求借款人提供或增加抵押品會導致如同利率提高所產生的逆向選擇與道德風險問題，Whette（1983）在借款人風險中性的假設下也證明了上述結論。Bester（1985）通過理論研究發現，在完全競爭市場中，若銀行能同時選擇抵押要求與利率水準，抵押品就可以和利率一起充當甄別借款人風險類型的有效工具，從而避免信貸配給的發生，但該結論成立的前提條件比 S-W 模型更嚴格，即低風險的

借款者必須能夠提供充分的抵押品以使他們能與高風險借款者相區分，因此，信貸配給是由於低風險借款者不能夠提供足額的抵押品而將他們與高風險類型的借款者相區分而產生的（Bester，1987）。Besanko 和 Thakor（1987）認為在壟斷市場上，只要借款人能夠提供充足的抵押品，信貸配給就不會出現。

正是因為抵押品對於緩解信貸配給的重要性，住房作為一種重要的抵押品才被諸多創業學研究者關注。但在中國，由於住房市場的複雜性，並非每一類住房都能作為抵押品。《中華人民共和國擔保法》規定只有具備完整產權的住房才可用於抵押，而耕地、宅基地、自留地、自留山等集體所有的土地使用權不能用於抵押（《中華人民共和國擔保法》第三十六、三十七條）。因此，人們無法通過抵押無產權的住房獲取信貸。Besly（1995）建立理論模型證明了產權明晰可以降低均衡時的借貸利率。

我們借鑑周京奎和黃微學（2014）的建模思路將住房產權引入家庭的創業決策。假定家庭在每一期的效用取決於住房消費 q 和其他商品消費 x。住房的抵押品屬性由住房產權的完整程度 θ 決定，$\theta \in (0, 1)$，θ 越大表明住房產權越完整，$\theta = 0$ 表示家庭租房居住。由於產權越完整的住房具有越高的投資價值，其住房財富增值的概率也就越大，擁有完整住房產權的家庭也具有更高的邊際消費傾向，即 $\frac{\partial x}{\partial \theta} > 0$。假定一個家庭選擇創業的概率為 φ，選擇不創業的概率為 $1-\varphi$，在面臨流動性約束的情況下，其創業投資支出將對當期消費支出產生擠出效應，即 $\frac{\partial x}{\partial \varphi} < 0$。創業家庭的收入用 y 表示，非創業家庭的收入由其工資性收入決定，用 w 表示。同時沿用 Evans 和 Jovanovic（1989）的方法，假定家庭的創業收入方程為：

$$y = ek^{\alpha} \quad (1.5)$$

其中，e 代表企業家能力，k 代表創業投資，$\alpha \in (0, 1)$。

給定上面的定義和假設，家庭將根據自身的境況選擇自己的職業類型，其最優化問題為：

$$\begin{aligned} &\max_{q,\varphi} EU = \pi U(x, q) \\ &\text{s.t.} \quad x = \varphi(y - pq - rb) + (1-\varphi)(w - pq - s) \\ &\quad b = \lambda(\theta pq + z) \\ &\quad y = ek^{\alpha} \\ &\quad k = b + z \end{aligned} \quad (1.6)$$

其中，b 代表創業貸款規模，λ 代表借貸係數，z 代表家庭流動資產，s 代

表家庭儲蓄，且有 $z<s$。一階條件和二階條件為：

$$E_\varphi = (y - w - rb - s)U_x \tag{1.7}$$

$$E_{\varphi\varphi} = (y - w - rb - s)^2 U_{xx} < 0 \tag{1.8}$$

對（1.7）式進行全微分可得：

$$\begin{aligned}d_\varphi = -E_{\varphi\varphi}^{-1}\{&[A\lambda\theta pU_x + \beta_1(\varphi\lambda\theta pA - \theta p)U_{xx} + U_{xp}]d_q \\ &+ (A\lambda pqU_x + \beta_1 A\varphi\lambda pqU_{xx})d\theta\}\end{aligned} \tag{1.9}$$

其中，$A = e\alpha(z + \lambda(\theta pq + z))^{\alpha-1} - r$，$\beta_1 = y - w - rb - s$。

由式（1.9）可得：

$$\frac{d_\varphi}{d_\theta} = -E_{\varphi\varphi}^{-1}(A\lambda pqU_x + \beta_1 A\varphi\lambda pqU_{xx}) \tag{1.10}$$

由 $\frac{\partial x}{\partial \varphi} > 0$ 可得 $A\varphi\lambda pq>0$，由 $\frac{\partial x}{\partial \varphi} < 0$ 可得 $y-w-rb-s<0$，因此，式（1.10）的符號為正。其經濟含義為：持有完全產權住房的家庭可將住房作為創業融資的抵押物，這類家庭面臨的創業信貸約束也因此顯著低於其他類型家庭，從而有助於其創業。本書第五章將檢驗住房是否影響創業以及住房是否通過緩解融資約束來促進創業。

2.2.3 住房影響婚姻、生育、養老的理論解釋

Becker（1964）提出的新家庭經濟學理論是分析住房如何影響婚姻觀、生育觀、養老觀的理論基礎，該理論應用新古典供給與需求分析工具來解釋家庭的婚姻、生育與養老行為。具體而言，在新家庭經濟學理論中，婚姻、生育與養老均可視為一種正常品，而其價格便是為了獲得上述正常品所需付出的成本。家庭所面對的整個消費品市場價格體系的變化都可能導致婚姻、生育、養老的影子價格朝不同方向上升或下降，而住房就是經濟增長過程中因城市化和要素稀缺所導致的家庭預算約束中相對價格變化最為劇烈的耐用品之一（易君健，易行健，2008）。房價對婚姻、生育、養老的作用機制涉及新家庭經濟學模型中標準的收入效應和替代效應，對於擁有住房的家庭而言，住房財富的升值增加了家庭總財富，從而產生收入效應，這將促進初婚、生育年齡的提前，並減少父母依靠子女養老的可能。此外，房價直接影響婚姻、生育、養老，房價上升將產生負的替代效應。要獲得家庭、婚姻、生育與養老行為變化的數據，需要對家庭進行長期追蹤，由於獲取數據的難度受限制，本書暫無法分析房價對家庭實際婚姻、生育、養老行為的影響，本書試圖通過分析房價對家庭婚姻觀、生育觀與養老觀的影響來揭示房價影響家庭上述三類經濟行為的

可能性與影響機制。婚姻觀、生育觀與養老觀雖然與人們相對應的實際行為有偏差，但卻在很大程度上預示著未來家庭經濟行為的演變，由此可以幫助政策制定者採取預防措施，以防止高房價對家庭經濟行為的非正常改變。本書第六章將分析房價對傳統婚姻觀、生育觀與養老觀的影響，並利用中國 2005—2012 年 330 個地級以上市、州的面板數據分析房價對人口出生率的影響，從而為房價改變生育觀，進而改變生育行為的影響路徑提供證據支撐。

3 住房財富效應的再檢驗

由於住房兼具消費品和投資品的雙重屬性,住房財富的增值對消費具有促進作用是房地產影響宏觀經濟的重要渠道之一,這在經濟學理論上被稱為財富效應。本章將在梳理出的現有實證研究不足之處的基礎上,提出創新,進一步檢驗住房財富效應的存在性與影響機制。

3.1 文獻回顧與研究假說

國外學者對住房財富與消費之間的關係進行了廣泛而深入的研究。大多數研究發現住房具有顯著的財富效應[1],其影響機制主要有這幾種解釋:

第一,根據持久收入理論與生命週期理論,房產價值的增加所帶來的財產性收入可以刺激消費。持久收入理論認為,消費者的消費支出不是由他的現期收入決定的,而是由他的持久收入所決定的,持久收入不僅包括勞動收入,還包括財產收入(Friedman,1957)。生命週期理論認為理性的消費者根據自己一生的收入來安排自己的消費與儲蓄,家庭的收入包括勞動收入和財產收入,這兩種假說理論都認為消費支出受財產性收入變化的影響。Engelhardt(1996)基於美國收入動態面板數據(PSID)的實證研究傾向於支持這一假說,他們的研究發現住房財富增值對家庭消費具有顯著正向影響。

第二,流動性約束理論認為住房財富的增加可以緩解借貸約束,從而促進消費的增長(Aoki, et al., 2004;Iacoviello, 2004)。根據這一理論,消費者受到的流動性約束程度越高,其對住房財富的變化越敏感,因此,許多研究通過檢驗流動性約束程度不同的消費者的住房財富效應差異來間接檢驗流動性約束論是否成立。Campbell 和 Cocco(2007)通過檢驗持久收入假設來反向驗證住

---

[1] 較少國外學者發現住房財富效應不存在或住房財富效應很微弱,比如 Hoynes 和 Mcfadden (1994)以及 Levin(1998)的研究。

房緩解流動性約束的觀點，研究發現預期內和預期外的房價變化都有顯著的財富效應，根據持久收入假說理論，只有預期外的財富變化才會影響消費，因此，房產可能通過緩解流動性約束來促進家庭消費。Disney等（2010）利用英國家庭面板調查數據的研究發現，老年家庭與青年家庭的住房財富效應並不存在顯著的異質性差異，但初始住房財富淨值為負的家庭的住房財富效應顯著高於初始住房財富淨值為正的家庭，他們認為初始住房財富淨值為負的家庭更易受到流動性約束，一旦房價上升，他們的消費動機也更強。Browning和Leth-Petersen（2013）利用丹麥財產稅註冊系統1987—1996年的面板數據分析了房價的變化對居民消費的影響，研究發現預期內和預期外的房價變化對消費均無顯著的財富效應，但卻發現1992年丹麥住房可抵押政策的實施提高了年輕住房擁有者的房價消費彈性，他們認為青年人相對於老年人而言，更易受到流動性約束，因此，住房更有可能通過緩解流動性約束而非直接的財富效應對消費產生影響。Leth-Petersen（2010）採用更嚴謹的雙重差分模型進一步提供了1992年丹麥住房可抵押政策的實施緩解了流動性約束而促進消費的證據。

第三，根據預防性儲蓄動機論，住房財富的增加可以通過減少預防性儲蓄而促進消費，然而，要在實證分析中嚴格區分預防性儲蓄動機與流動性約束非常困難（Campbell & Cocco, 2007），因為，預防性儲蓄可能是導致流動性被約束的原因之一。Gan（2010）從多個角度檢驗了住房財富效應的兩種機制——預防性儲蓄與流動性約束，他通過研究發現，對於受到流動性約束的消費者而言，房價上升緩解了流動性約束，而促進了消費，但對不受流動性約束的消費者而言，預防性儲蓄動機是房價影響消費的主要因素。Campbell和Cocco（2007）的研究發現，由於青年與租房家庭的換房（預防性儲蓄）動機更大，當面對相同幅度的住房財富增值，他們的住房財富效應低於老年或有房家庭。基於義大利家庭收入和財富調查（SHIW）數據，Calcagno和Fornero（2009）也得出相似的結論。

除了三種主要的影響機制外，一些學者還發現房地產市場繁榮還可通過增強住房所有者的消費信心，從而擴大其短期邊際消費傾向（Attanasio & Blow, 2009），或對無房家庭的購房信心形成打擊，從而產生「絕望的消費」（Yoshikawa & Ohtake, 1989）。

與國外豐富而深入的研究相比，國內學者僅對住房財富效應在中國是否顯著存在就產生了非常大的意見分歧。在宏觀層面，宋勃（2007）、王子龍等（2008）通過研究發現房價存在財富效應，而高春亮等（2007）、陳健等（2012）則發現房價並不存在財富效應，甚至顯著負向影響消費。此外，駱祚

炎（2007）、劉旦（2008）的研究也都認為中國城鎮住宅市場的財富效應微弱。在微觀層面，黃靜和屠梅曾（2009）、解堊（2012）、陳訓波和周偉（2013）、杜莉等（2013）基於不同微觀調查數據的研究均發現，住房資產對家庭消費具有顯著的財富效應。也有許多學者持相反觀點，他們認為，一方面，住房財富效應的實現需要通過出售房產、住宅再抵押等方式，而普通家庭通常只擁有一套住房，他們出售自有房產的可能性較小，同時，住房再抵押等金融工具在中國還不發達，因此，住房財富效應的實現渠道在中國還不完全具備（李濤、陳斌開，2014；謝勇，等，2012；謝潔玉，等，2012）。另一方面，房價上升雖然促進了住房財富的增值，但也增加了未來換房的成本，提高了為購房而儲蓄的動機，進而抑制消費（陳彥斌、邱哲聖，2011；顏色、朱國鐘，2013；謝勇，2012；李雪松、黃彥彥，2015）。陳斌開、楊汝岱（2013）以及趙西亮等（2013）將各省房價數據與微觀調查數據相匹配，進而研究了房價與家庭儲蓄率之間的關係，但卻得到相反的研究結論，前者發現房價與儲蓄率呈顯著正相關，而後者發現房價與儲蓄呈顯著負相關。

綜上，現有文獻對中國住房財富效應的研究仍存在以下不足：首先，住房財富效應在中國是否存在仍存爭議，有必要進一步對其進行驗證。其次，即使是有一些關於住房財富效應的研究，也沒有很好地解釋這一影響的機制，住房是否具有通過緩解流動性約束而促進消費的影響機制仍未得以證實。最後，基於宏觀加總數據的分析可能存在「加總偏誤」的問題，而基於微觀調查數據的分析大都採用橫截面數據，OLS 估計不可避免地存在遺漏變量的問題，比如風險偏好、消費習慣、預期等，這些因素均可能影響消費者面對住房財富變化時的反應。事實上，基於微觀橫截面數據的分析考察的是不同家庭之間由於房產價值的不同所導致的消費行為差異，李濤、陳斌開（2014）將這一效應稱為「資產效應」，而生命週期−持久收入假說認為財富效應是消費者基於自身財產性收入變化的反應，而非與其他人財產比較後的結果。住房財富高的家庭消費水準高並不能成為住房財富效應的證據，因為住房財富值高的家庭與住房財富值低的家庭是兩類完全不同的家庭，遺漏家庭異質性可能導致估計結果有偏差。周京奎（2012）的研究發現，在系統廣義矩（Systematic GMM）估計下，有房家庭耐用品消費顯著高於租房家庭，而固定效應模型的估計結果卻不顯著，遺漏變量可能是導致這一差異的重要原因。鑒於現有文獻的不足，本章利用一個具有全國代表性的微觀家庭面板數據對住房財富效應的存在性進行再檢驗，並進一步探討住房財富影響消費的機制，我們重點關注住房財富是否通過緩解流動性約束而促進了消費，同時，我們從多個方面檢驗了本書研究結論

的穩健性。

與 Gan（2010）的分析相似，我們將家庭劃分為低流動性約束組和高流動性約束組，通過考察他們之間的住房財富效應差異來間接檢驗住房是否具有緩解流動性約束的影響機制。要準確衡量流動性約束非常困難（Leth Petersen，2010），本章中，我們以住房產權和家庭收入作為流動性約束的衡量。在中國，由於城鄉二元結構的差異及相關政策的限制，居民住房具有多元化的產權形式①。住房產權由房屋所有權和土地使用權構成，二者缺一不可。根據土地性質的不同，用於住宅建設的土地分為農村集體土地建設用地和國有土地建設用地，而國有土地建設用地又可分為住宅建設用地和非住宅建設用地，居民住房只有同時具有房屋所有權與國有住宅建設用地使用權才具備完整的住房產權，即享有住房的佔權、使用權、收益權和處分權。由於農村住房的土地性質為農村集體土地使用權，因此，農村並不存在住房產權多樣化的現象②。CHFS詳細詢問了家庭住房的產權形式，包括完全產權、部分產權、小產權、農村集體土地使用權及其他，根據2013年的調查數據，城鎮地區住房中，完全產權住房佔比為81.1%，部分產權③佔比為6.4%，小產權④佔比為6.5%，農村集體土地使用權⑤佔比為4.7%，其他佔比為1.3%。本章對住房產權的定義與以往文獻有差異，謝勇等（2012）將住房的獲得方式分為通過市場化獲得的與通過非市場化獲得的兩類來考察住房財富效應，但將除繼承或贈與以外的住房都視為通過市場化獲得的缺乏依據。根據CHFS 2013年的數據，城鎮地區住房中，通過非市場化渠道獲得的自建房、經濟適用房佔比達17.2%。周京奎（2012）分析了有房家庭與租房家庭的耐用品消費差異，但如上所述，在中國擁有住房並不代表擁有住房的全部產權。唯一與本章的分析相近的文獻是李

---

① 住房產權的多樣性將在5.2節詳細介紹。

② 由於農民產權意識薄弱，即使他們的住宅在法律上屬於農村集體土地使用權，但仍認為自己擁有住房的全部產權。在數據處理方面，我們根據農村住房的土地使用權性質，統一將農村地區住房的產權形式定義為農村集體土地使用權。

③ 「部分產權」的概念首先出現在1991年的《國務院關於繼續積極穩妥地進行城鎮住房制度改革的通知》（以下簡稱《通知》）。《通知》指出，職工購買公有住房，在國家規定住房面積以內，實行標準價，購房後擁有部分產權，標準價是指各市、縣依據本地區中低收入職工家庭平均經濟承受能力而確定的出售公有住宅的售房價格。

④ 「小產權」是指修建於城中村或城郊農村集體土地使用權或非住宅國有土地使用權上的商品房（違規建房）（李濤、陳斌開，2014）。

⑤ 城鎮地區存在農村集體土地使用權住房是由於中國建制城鎮化所致，即一些地區雖然在編制上已被統計局劃歸為城鎮，但其土地仍為農村集體所有，比如青海省西寧市的塘馬坊和紅星村。

濤、陳斌開（2014）的研究，他們分析了「大產權」（也即本章所指的完全產權）與「小產權」的財富效應差異，但並未發現二者財富效應存在顯著差異。

產權在信貸市場具有非常重要的作用，產權決定著住房是否可抵押。《中華人民共和國擔保法》規定具備完整產權的住房可用於抵押，而耕地、宅基地、自留地、自留山等集體所有的土地使用權不能用於抵押（《中華人民共和國擔保法》第三十六、三十七條）。住房除了可通過抵押獲得消費信貸，還能成為消費者獲得借款的信譽證明，比如上海通用汽車金融有限公司明確規定消費者在申請汽車信貸時應提供房產證明文件，許多銀行的信用卡透支額度也與申請人提供的房產證明息息相關，另外，住房作為家庭身分地位的象徵，也會作為一種「信號」，提高家庭在正規金融市場與非正規金融市場獲取信貸的能力與信心。住房財富通過這些渠道影響消費卻並不要求抵押房產。因此，若住房能夠通過緩解流動性約束而促進消費，那麼，有產權住房的財富效應大於無產權住房。通常而言，家庭購買大額商品時才會有較強的融資需求，住房的「信號」甄別功能更有可能在家庭購買大額商品時發揮作用。由此，我們提出假說1與假說2。

假說1：若住房通過緩解流動性約束而促進了消費，那麼，有產權住房的財富效應大於無產權住房。

假說2：若有產權住房通過緩解流動性約束而促進消費，那麼，有產權住房的財富效應主要影響大額商品的消費。

家庭收入是衡量流動性約束的常用變量，低收入家庭通常面臨更嚴重的流動性約束（Zeldes, 1989），因此，若住房能通過緩解流動性約束而促進消費，那麼，低收入家庭的住房財富效應大於高收入家庭。同時，低收入家庭的日常消費更可能被抑制，比如食品、衣著、教育娛樂，因此，一旦他們預期未來的財產性收入增加，他們將首先增加當前的日常消費。由此，我們提出假說3與假說4。

假說3：若住房通過緩解流動性約束而促進了消費，那麼，低收入家庭的住房財富效應大於高收入家庭。

假說4：若低收入家庭由於流動性約束對住房財富更敏感，那麼，住房財富的變化主要影響低收入家庭的日常消費。

3.2 數據來源、變量與描述統計

3.2.1 數據來源

本章的數據來源於中國家庭金融調查中心（China Household Finance & Survey, CHFS）2011 年與 2013 年的兩輪調查數據。CHFS 採用分層、三階段與規模度量成比例（PPS）的現代抽樣技術，利用先進的計算機輔助調查系統（CAPI）記錄問卷。2011 年，CHFS 在全國收集了除西藏自治區、新疆維吾爾自治區、內蒙古自治區和港、澳、臺地區外的 25 個省（自治區、直轄市）、81 個區縣、320 個村（居）委會的 8,438 戶的家庭樣本數據。2013 年，CHFS 對 8,438 戶家庭進行了追訪，並將調查樣本擴充至除西藏、新疆和港澳臺地區外的 28,143 戶家庭。其中，追訪成功的樣本量為 6,846 個，追訪成功率為 81.13%。調查信息包括基本的人口統計特徵、金融和非金融資產、負債和信貸約束、家庭支出與收入、社會保障與保險等。[①] 該調查對房產信息的記錄尤為詳盡，包括家庭最多三套房的產權、現值、成本、購買年份、銀行貸款、信貸約束、民間借貸等信息。基於本章的研究目標，本章的分析樣本為追訪成功的 6,846 個家庭的兩年度平衡面板數據。由於新購（新建）或出售住房會導致住房財富發生變化，我們排除了有新購（新建）或出售住房行為的樣本。在實際分析中，因一些變量存在數據缺失，最終有效樣本還會有所差異。

3.2.2 變量

在本章分析中最核心的被解釋變量是家庭消費。CHFS 數據非常詳細地記錄了家庭的各類消費情況，包括食品、衣著、居住（指與調查戶居住有關的支出，包括住房、水、電、燃料方面的支出）、耐用品、住房裝修維修、教育文化娛樂、醫療保健等消費類型。因此，CHFS 數據的優勢是不僅可以準確估計住房財富對總體消費的影響，還可分析其對各分類消費的影響。這為我們檢驗住房財富效應的影響機制提供了可能。因為，不同類型的商品單價不同，一般而言，單價越高的消費品種越可能被約束（Cox & Jappelli, 1993），比如耐用品。同時，不同類型的消費者的需求偏好不同，其各自受到流動性約束的消費品種也會有差異（齊天翔、李文華，2000），比如，相對於日常消費而言，

[①] 後文中使用的家庭數據均來源於 CHFS 第一輪或第二輪的調查數據，數據出處將不再贅述。

高收入家庭的耐用品消費可能受到更嚴重的流動性約束，低收入家庭則相反（Gan, 2010）。

根據以往研究的經驗（Gan, 2010；李濤，陳斌開，2010），我們從食品衣著、耐用品、住房裝修維修、教育文化娛樂4個方面檢驗住房財富對不同消費類型的影響①。其中，食品消費數據可以依據這兩個問題，即「您家去年平均一個月的伙食費是多少，包括在外就餐？」「如果將去年平均一個月您家消費的那部分自己生產的農產品拿到市場上出售的話，按去年平均價格能賣多少錢？」。這兩個問題的答案的總額便是月食品消費總支出。衣著消費數據可以依據問題「去年，您家所有家庭成員購買衣物共花了多少錢？」。住房裝修維修支出可以依據問題「去年，您家住房裝修、維修或擴建花費多少錢？」。耐用品消費包括電視、洗衣機、手機、電腦等大型商品支出。教育文化娛樂支出包括教育培訓（如小孩學費、生活費）、購買書刊、旅遊支出等。本章的分析將各類消費均換算成年平均消費額②。

本章分析的關鍵解釋變量是家庭住房資產。家庭住房資產是受訪戶自報的住房價值，CHFS最多詢問了家庭三套房的現值，超過三套住房的家庭在2011年與2013年的調查樣本中占比均不到0.5%，因此，遺漏對三套以上住房價值的統計不會影響本章的分析。與通過房價變化來衡量住房財富變化的研究相比，採用自報住房價值的優勢是既可避免中國房價統計方法的缺陷所造成的誤差③，也可避免房價與遺漏的宏觀因素同時變動所造成的內生性問題。

參照以往的研究（Campbell & Cocco, 2007; Bostic & Gabriel, 2009; 黃靜，屠梅曾，2009），我們選取的控制變量包括：非住房非金融資產、金融資產、總收入、住房負債、非住房負債、受訪者及配偶中擁有養老保障的人數、擁有醫療保險的人數、健康成員人數、失業人數占比、家庭總人數、16歲以下少年占比、60歲以上老年占比、調查上一年度有無「紅白喜事」。由於家庭除住房資產外的其他固定資產也可能產生財富效應（李濤，陳斌開，2014），我們單獨對非住房非金融資產進行了控制。金融資產包括銀行存款、股票、基金、債券、黃金、理財產品、保險帳戶餘額等。家庭總收入包括工資收入、財

---

① 家庭居住類支出與醫療保健支出基本與住房財富無關，因此，本章沒有匯報這兩類消費的估計結果，若需要，可向作者索取。

② 後文中涉及消費的分析也均做類似處理。

③ 2011年以前，國家統計局公布的房屋銷售價格指數主要依據房地產開發企業直報數據，存在較大偏誤。鑒於此，國家統計局於2011年2月16日公布了房屋銷售價格統計調查的新方案——《住宅銷售價格統計調查方案》。此後，房屋銷售價格指數統計主要基於網簽數據，這將在很大程度上提高住房價格指數統計的準確性（陳斌開，楊汝岱，2014）。

產性收入、工商業收入、農業經營收入、轉移性收入等家庭可支配的收入。將住房負債與非住房負債分開進行控制的原因是住房負債會影響住房資產淨值，一些學者認為住房財富中真正發揮作用的是除住房負債外的住房淨值（Disney, et al., 2010；Mian & Sufi, 2010）[①]。根據國家統計局公布的各省消費者物價指數（CPI），我們以 2010 年為基期，將 2012 年各變量名義值換算成實際值[②]。與以往文獻一致，我們對所有以貨幣度量的連續型變量做對數化處理，考慮到一些變量存在觀測值為零的情況，我們對其處理方式為在其基礎上加 1 後再取對數。

3.2.3 變量描述統計

表 3-1 描述了相關變量在 2011 年與 2013 年調查時的統計情況。我們可以發現，在家庭消費支出上，家庭總消費在兩年間變化不大，甚至有所降低，這可能是由於醫療支出有所減少，因為家庭中健康成員人數在增加，而住房裝修維修支出下降也可能是導致總消費支出減少的原因之一。其餘各分類支出在兩年間均有不同程度的增加，其中，以食品衣著和教育娛樂支出的增幅最大，分別為 16.77%、17.92%。在家庭財富方面，房產、非住房非金融資產、金融資產、總收入在兩年間均有所增加，而負債呈下降趨勢。圖 3-1 描述了從 2011 年到 2013 年家庭住房財富對數的增加值與家庭總消費對數的增加值之間的關係。可以看出，二者呈現出正相關的關係。那麼，住房對消費是否具有顯著的財富效應？若有，其影響機制又如何？下面將對此進行深入分析。

表 3-1　　　　　　　　　　變量描述性統計

變量名/變量含義	2011（觀測值 5065）		2013（觀測值 5065）	
	均值	標準差	均值	標準差
consump/總消費（單位:元）	41,903.85	65,127.48	39,548.81	42,601.48
durable/耐用品（單位:元）	885.86	3,934.53	1,010.23	5,945.41
decoration/住房裝修維修（單位:元）	3,195.22	18,724.65	2,218.13	14,000.71
foodcloth/衣著食品（單位:元）	15,270.93	15,150.70	17,832.21	17,425.52
edu_spend/教育娛樂（單位:元）	4,732.18	10,962.09	5,580.44	13,051.91
housasset/住房資產（單位:萬元）	43.93	84.74	50.53	101.69

---

① 本章末尾將以住房淨值作為解釋變量進行穩健性檢驗。
② 雖然調查年份為 2011 年與 2013 年，但消費、收入均調查的是家庭上一年度的情況，因此，物價調整以 2010 年為基期。

表3-1(續)

變量名/變量含義	2011(觀測值5065)		2013(觀測值5065)	
	均值	標準差	均值	標準差
onfasset/其他非金融資產(單位:萬元)	20.17	21.61	21.26	100.80
fasset/金融資產(單位:萬元)	4.89	20.32	7.77	22.14
income/總收入(單位:萬元)	5.05	19.30	6.36	10.60
housdebt/住房負債(單位:萬元)	2.43	8.93	1.31	7.89
nhousdebt/非住房負債(單位:萬元)	5.04	281.11	1.16	7.64
secur_num/擁有養老保障的人數	0.84	0.87	1.45	0.78
yibao_num/擁有醫療保險的人數	1.42	0.74	1.70	0.58
health_num/健康成員人數	0.67	0.77	0.86	0.84
unem_ratio/失業人數占比	0.04	0.12	0.02	0.10
family_num/家庭總人數	3.62	1.55	3.73	1.65
child_ratio/16歲以下少年占比	0.14	0.17	0.14	0.16
old_ratio/60歲以上老年占比	0.22	0.33	0.24	0.34
hongbai/上一年度有紅白喜事=1	0.11	0.31	0.12	0.32

註：數據由作者根據CHFS 2011年與2013年的調查數據整理而得。CHFS僅詢問了受訪者及其配偶的養老保障、醫療保險、健康狀況，是對擁有養老保障、醫療保險以及健康成員人數的統計均針對受訪者及其配偶而言。

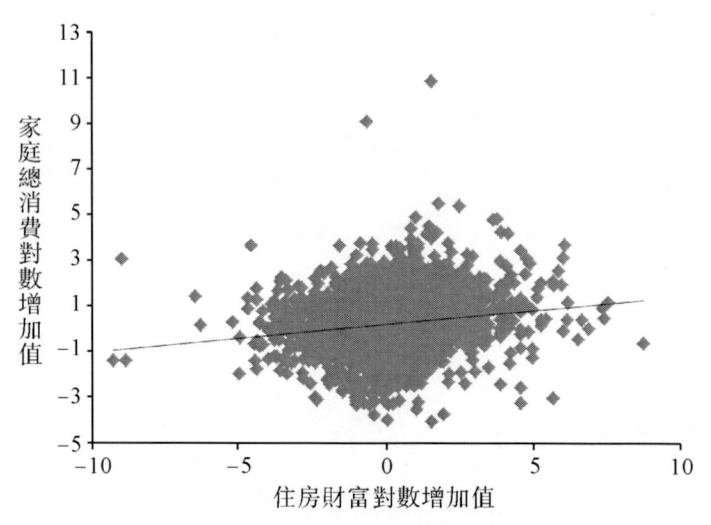

圖3-1　住房財富對數增加值與消費總額對數增加值的關係

註：Δ*lnhousasset*（橫軸）表示從2011年到2013年住房財富對數的增加值，Δ*lnconsump*（縱軸）表示從2011年到2013年消費總額對數的增加值，實線是二者的線性擬合。數據來源於CHFS面板數據。

3.3　研究方法與計量模型設定

本章主要採用面板數據固定效應（Fixed Effect）模型進行分析，該方法的優勢是可以克服不隨時間變化的非觀測異質性導致的內生性問題。基本的計量模型設定如下：

$$Ln(consump)_{it} = \beta_0 + \beta_1 Ln(housasset)_{it} + \Gamma'X_{it} + \alpha year_{2013} + c_i + u_{it} \quad (3.1)$$

β_1 是我們感興趣的參數，表示住房的財富效應。i 是個體維度，t 是時間維度，X_{it} 表示控制變量向量。此外，我們還控制了時間固定效應 $year_{2013}$（基期為 2011 年）、個體固定效應 c_i，u_{it} 是誤差項。由於個體非觀測異質性 c_i 既可能直接影響消費，也可能影響家庭持有的住房財富水準，比如風險偏好、消費習慣、預期、能力等，遺漏這些變量可能導致模型估計結果產生偏誤，而採用固定效應模型進行估計可克服這類變量導致的內生性問題。事實上，在兩期數據下，固定效應模型與一階差分（First Difference）模型是等價的（Wooldridge, 2002），即與以下模型的普通最小二乘估計（OLS）是等價的：

$$\Delta Ln(consump)_{it} = \beta_1 \Delta Ln(housasset)_{it} + \Gamma'\Delta X_{it} + \alpha\Delta year_{2013} + \Delta u_{it} \quad (3.2)$$

因此，β_1 實質上反應的是家庭面對自有住房財富變化時的消費行為變化，即生命週期－持久收入假說理論中的財富效應。這與以往採用橫截面數據進行研究的文獻有本質的區別，這類文獻研究的是住房財富不同的家庭之間的消費差異，只有當完全控制家庭異質性時，住房財富對消費的影響才能被稱為財富效應。但在現實中，存在諸多難以觀測的異質性，遺漏這些因素可能導致模型估計結果有偏，這可能是當前關於住房財富效應的研究無法得到一致結論的重要原因。

為進一步檢驗住房財富是否具有緩解流動性約束而促進消費的機制，我們建立如下的計量模型進行分析：

$$Ln(consump)_{it} = \beta_0 + \beta_1 Ln(housasset)_{it} + \beta_2 Ln(housasset)_{it} * lc\_indicator \\ + \Gamma'X_{it} + \alpha year_{2013} + c_i + u_{it}$$

$$(3.3)$$

$lc\_indicator$ 表示家庭受到的流動性約束程度的代理變量。如前文所述，我們主要選取兩類變量：一是住房是否具有完全產權啞變量，即國有土地使用權證和房屋所有權證「雙證齊全」的住房，以「$full\_right$」表示該變量，當家庭擁有多套住房時，當且僅當所有住房均擁有完全產權時取值為 1，否則取值

3　住房財富效應的再檢驗 | 31

為 0[①]；二是家庭收入。如前文所述，有產權的住房可充當消費者借款的信譽證明，而低收入家庭通常受到更嚴重的流動性約束。我們預期，若住房具有緩解流動性約束而促進消費的影響機制，則住房產權與住房財富的交叉項的估計係數為正，而收入與住房財富的交叉項的估計係數為負。

3.4 迴歸結果分析

3.4.1 住房財富效應的存在性檢驗

表 3-2 是檢驗住房財富效應是否存在的固定效應估計結果。模型（1）至（5）分別對應的是住房財富對消費總額、耐用品、住房裝修維修、食品衣著、教育支出的影響的估計結果。可以發現，其他因素不變，住房財富每增加 1%，消費總支出將增加 0.063%，在 1% 的統計水準上顯著。這一估計值低於以往採用橫截面數據進行分析得出的結果（張大永，曹紅，2012；黃靜，屠梅增，2009；解堊，2012），因此，採用橫截面數據可能因遺漏變量而造成估計向上偏移。

表 3-2　　　　　　　住房財富效應的存在性檢驗

	(1) Ln(consump)	(2) Ln(durable)	(3) Ln(decoration)	(4) Ln(foodcloth)	(5) Ln(edu_spend)
Ln(housasset)	0.063*** (0.014)	0.109** (0.051)	0.111** (0.050)	0.027* (0.015)	0.135** (0.054)
Ln(onfasset)	0.025*** (0.004)	0.030* (0.017)	0.036** (0.015)	0.018*** (0.004)	0.077*** (0.018)
Ln(fasset)	0.031*** (0.005)	0.083*** (0.023)	0.013 (0.020)	0.036*** (0.006)	0.082*** (0.024)
Ln(income)	0.069*** (0.007)	0.087*** (0.026)	0.020 (0.024)	0.150*** (0.008)	0.010 (0.027)
Ln(housdebt)	0.007*** (0.003)	-0.009 (0.014)	0.028** (0.013)	0.001 (0.003)	0.019 (0.012)
Ln(nhousdebt)	0.012*** (0.003)	0.022 (0.014)	0.010 (0.013)	0.004 (0.003)	0.032** (0.013)

[①] 以家庭是否擁有完全產權住房為依據來劃分實驗組和對照組可以得到相似結論。

表3-2(續)

	(1) Ln(consump)	(2) Ln(durable)	(3) Ln(decoration)	(4) Ln(foodcloth)	(5) Ln(edu_spend)
secur_num	0.030**	-0.034	0.029	0.048***	-0.074
	(0.014)	(0.063)	(0.059)	(0.015)	(0.061)
yibao_num	0.076***	0.063	-0.016	0.072***	0.137*
	(0.017)	(0.081)	(0.073)	(0.019)	(0.081)
health_num	-0.042***	-0.069	-0.090	-0.006	-0.020
	(0.013)	(0.069)	(0.059)	(0.014)	(0.065)
unem_ratio	-0.116	-0.050	0.400	-0.191*	-0.191
	(0.092)	(0.417)	(0.361)	(0.102)	(0.449)
family_num	0.077***	0.051	0.025	0.059***	0.315***
	(0.010)	(0.046)	(0.038)	(0.011)	(0.047)
child_ratio	-0.088	-0.407	-0.120	0.112	1.428***
	(0.101)	(0.505)	(0.447)	(0.108)	(0.487)
old_ratio	-0.228***	-0.149	-0.002	-0.214***	-0.902***
	(0.061)	(0.249)	(0.213)	(0.060)	(0.290)
hongbai	0.120***	0.366**	0.590***	0.068**	0.145
	(0.029)	(0.162)	(0.138)	(0.031)	(0.144)
year2013	0.016	0.158**	-0.248***	0.103***	-0.150**
	(0.015)	(0.079)	(0.069)	(0.016)	(0.074)
constant	7.846***	-1.760***	-1.085*	6.579***	1.232*
	(0.176)	(0.654)	(0.639)	(0.185)	(0.707)
N	10,130	10,130	10,130	10,130	10,130
R^2	0.148	0.015	0.014	0.246	0.049

註：括號裡是異方差穩健標準誤。所有結果均採用固定效應模型估計。上標「***」「**」「*」分別表示在1%、5%和10%的統計水準上顯著。

表3-2中模型（2）至（5）的估計結果同時顯示，住房對各分類消費的財富效應也顯著存在，均至少在10%的統計水準上顯著。其中，教育文化娛樂支出的住房財富效應最大，住房財富每增加1%，教育文化娛樂支出將增加0.135%，這與Lovenheim和Reynolds（2012）的發現一致，他們發現住房財富與子女所上大學的質量呈顯著正相關，這是由於住房財富的增加提高了家庭對教育的投入。住房裝修維修支出、耐用品支出受住房財富的影響次之，彈性約為0.11，受住房財富影響最小的是食品衣著消費，彈性僅為0.027。

表 3-2 模型（1）的估計結果還顯示，消費受收入變化的影響最大，其彈性達 0.069。金融資產的財富效應低於住房的財富效應，這與大多數研究一致（張大永、曹紅，2012；解堊，2012）。家庭負債（無論是住房負債還是非住房負債）顯著正向影響消費支出，這體現出家庭通過借貸平滑當前消費的特點，與黃興海（2004）、韓立岩等（2012）的發現一致。此外，家庭規模、調查上一年度有無紅白喜事均會顯著增加家庭的消費支出。

研究結果表明，住房財富效應在中國顯著存在。已有文獻認為住房財富效應在中國並不存在的原因有三點：一是擁有住房的家庭通常不會出售房產以兌現住房財富；二是住房再抵押等金融工具在中國還不發達，住房難以通過緩解流動性約束而促進消費；三是房價上升會增強為購房而儲蓄的動機。但是，這類文獻忽視了三個基本的事實：一是有房家庭存在改善性住房需求①，當前住房財富的增加可能減少為改善住房需求而進行的儲蓄，從而促進消費；二是住房除了可通過抵押獲得消費信貸，還能成為消費者獲得借款的信譽證明，比如上海通用汽車金融有限公司明確規定消費者在申請汽車信貸時應提供房產證明文件，許多銀行的信用卡透支額度也與申請人提供的房產證明息息相關，另外，住房作為家庭身分地位的象徵，也會作為一種「信號」提高家庭在正規金融市場與非正規金融市場獲取信貸的能力與信心，住房財富通過這些渠道影響消費卻並不要求抵押房產；三是許多家庭在新購住房時會得到父母等的援助，這也會削弱為購房而儲蓄的動機。由此可見，中國存在住房財富效應發揮作用的微觀經濟基礎。

3.4.2 住房財富影響消費的機制

既然住房財富效應在中國顯著存在，那麼，其影響機制是什麼？本小節將重點分析住房是否還具有緩解流動性約束而促進消費的影響機制。

1. 假說 1 與假說 2 的檢驗：住房產權與住房財富效應

表 3-3 報告了不同產權類型住房的住房財富效應差異，我們感興趣的是住房資產與住房產權交叉項的系數。模型（1）的估計結果顯示，完全產權住房的財富效應彈性系數在 5% 的統計水準上顯著高於產權不完整的住房。從各

---

① 根據中國家庭金融調查與研究中心於 2014 年 6 月 10 日在北京發布的《城鎮住房空置率與住房市場發展趨勢》報告，城鎮地區潛在的改善性住房需求達 13.1%。該報告對改善型住房的定義為：現居住房屋的居住時間超過 20 年，現居住房屋家庭人均面積低於全省居住面積的中位數，並且居住時間超過 5 年。同時，其對於這兩類改善住房需求還附加了戶主年齡不大於 60 歲的要求。

分類消費來看，上述效應主要體現在耐用品和住房裝修維修支出上，產權不完整的住房對耐用品和住房裝修維修支出無顯著影響，而完全產權住房對這兩類商品產生的財富效應彈性係數分別比產權不完整的住房高 0.491、0.436，均至少 5% 的統計水準上顯著。在其他消費類別上，不同產權住房之間的財富效應並無顯著差異。

為何不同產權住房之間的財富效應差異僅體現為耐用品消費與住房裝修維修支出？一個重要原因在於這兩類消費的支出數額大，發生借款需求的可能性更高，有產權的住房可通過抵押或「信號」甄別功能幫助家庭在正規金融市場或非正規金融市場獲得消費融資，進而促進這兩類消費，而無產權住房由於不能抵押而難以發揮幫助家庭獲得融資的功效。因此，假說 1 與假說 2 便得以檢驗。

表 3-3　　　　　　　　住房產權與住房財富效應

	(1) $Ln(consump)$	(2) $Ln(durable)$	(3) $Ln(decoration)$	(4) $Ln(foodcloth)$	(5) $Ln(edu\_spend)$
$Ln(housasset)$	0.055***	0.062	0.069	0.024	0.131**
	(0.015)	(0.053)	(0.051)	(0.016)	(0.056)
$Ln(housasset) *$ $full\_right$	0.083**	0.491***	0.436**	0.029	0.042
	(0.039)	(0.173)	(0.178)	(0.037)	(0.188)
控制變量	YES	YES	YES	YES	YES
時間固定效應	YES	YES	YES	YES	YES
constant	7.591***	-3.262***	-2.419***	6.491***	1.105
	(0.202)	(0.856)	(0.868)	(0.195)	(0.921)
N	10,130	10,130	10,130	10,130	10,130
R^2	0.148	0.017	0.016	0.246	0.049

註：括號裡是異方差穩健標準誤。所有結果均採用固定效應模型估計。上標「***」「**」「*」分別表示在 1%、5% 和 10% 的統計水準上顯著。控制變量包括：非住房非金融資產、金融資產、總收入、住房負債、非住房負債、受訪者及配偶中擁有養老保障的人數、擁有醫療保險的人數、健康成員人數、失業人數占比、家庭總人數、16 歲以下的少年占比、60 歲以上的老年占比、上一年度有無紅白喜事。此處未匯報控制變量的估計結果，若需要，可向作者索取。

2. 假說 3 與假說 4 的檢驗：家庭收入與住房財富效應

接下來，我們考察不同收入家庭之間的住房財富效應差異。我們預計，若住房具有緩解流動性約束而促進消費的作用，那麼，受流動性約束程度越高（收入越低）的消費者對住房財富變化的反應越強，因此，收入與住房財富交叉項係數的估計值應小於零。表 3-4 的估計結果顯示，住房資產對數與家庭總

收入對數的交叉項系數為-0.014,在1%的統計水準上顯著,這表明受流動性約束程度越低(收入越高)的家庭,其消費受住房財富變化的影響越小,由此驗證了假說3。從各分類消費來看,上述結果主要來源於住房財富對食品衣著消費的影響,具體而言,家庭收入每增加1%,食品衣著消費受住房財富變化的彈性系數將顯著降低0.015。有意思的是,模型(2)的估計結果顯示,高收入家庭的住房財富對耐用品消費的影響顯著高於低收入家庭,這進一步表明高收入與低收入家庭受到流動性約束的消費種類不同。在其他消費類別上,不同收入階層家庭的住房財富效應無顯著差異。

為何高收入階層的耐用品消費對住房財富變化更敏感,而低收入階層家庭的食品、衣著消費對住房財富變化更敏感?這與流動性約束理論是相符的,Gan(2010)的研究指出,流動性約束將首先抑制低收入家庭的日常支出,比如食品、衣著等必需品,因此,一旦這些家庭獲得可平滑當前消費的財富,他們將首先增加必需品的支出。而高收入家庭的食品衣著等日常消費比較容易滿足,其對耐用品的消費更容易受到流動性約束,一旦獲得可平滑當前消費的財富,他們首先將其用於增加耐用品的消費。假說4得以驗證。

表 3-4　　　　　　　　家庭收入與住房財富效應

	(1) Ln(consump)	(2) Ln(durable)	(3) Ln(decoration)	(4) Ln(foodcloth)	(5) Ln(edu_spend)
Ln(housasset)	0.195***	-0.136	0.120	0.167***	0.120
	(0.040)	(0.125)	(0.126)	(0.038)	(0.129)
Ln(housasset) * Ln(income)	-0.014***	0.026**	-0.001	-0.015***	0.002
	(0.004)	(0.013)	(0.013)	(0.004)	(0.013)
Ln(income)	0.238***	-0.230	0.031	0.331***	-0.009
	(0.046)	(0.158)	(0.155)	(0.045)	(0.154)
控制變量	YES	YES	YES	YES	YES
時間固定效應	YES	YES	YES	YES	YES
constant	6.283***	1.166	-1.188	4.913***	1.404
	(0.482)	(1.464)	(1.476)	(0.467)	(1.569)
N	10,130	10,130	10,130	10,130	10,130
R^2	0.152	0.016	0.014	0.250	0.049

註:括號裡是異方差的穩健標準誤。所有結果均採用固定效應模型估計。上標「***」「**」「*」分別表示在1%、5%和10%的統計水準上顯著。控制變量包括:非住房非金融資產、金融資產、總收入、住房負債、非住房負債、受訪者及配偶中擁有養老保障的人數、擁有醫療保險的人數、健康成員人數、失業人數占比、家庭總人數、16歲以下少年占比、60歲以上老年占比、上一年度有無紅白喜事。此處未匯報控制變量的估計結果,若需要,可向作者索取。

3.4.3 住房緩解流動性約束的幾個例證

上述分析間接地表明住房具有緩解流動性約束而促進消費的影響機制，為提供更有說服力的證據，我們將在本書直接檢驗住房是否緩解了家庭在消費過程中受到的信貸約束。我們選擇三類消費進行分析，即信用卡、購房與購車。首先，信用卡通常被認為具有緩解流動性約束的功效（Gross & Souleles，2002），通過分析住房與信用卡持有狀況之間的關係可為住房緩解流動性約束而促進消費的影響機制提供間接證據，信用卡透支額度與申請人提供的房產證明息息相關。我們通過住房產權來識別這一影響機制，我們預期完全產權住房價值越高，家庭持有信用卡的可能性越大，而不完全產權住房則不具有這樣的功效。其次，家庭購房或購車的支出相對較大，他們在消費這兩類耐用品時更可能與銀行等正規金融機構或親戚、朋友等非正規金融機構發生借貸關係，銀行是否給予信貸支持在很大程度上取決於家庭能否提供較好的信譽證明，而房產證便是這樣一類證明。我們同樣以住房產權來識別家庭在購房或購車時受到的信貸約束[①]，我們預期擁有完全產權住房可緩解家庭購房或購車時受到的信貸約束，進一步來說，非正規金融市場是正規金融市場的有力補充（劉西川，等，2014），我們由此預計擁有完全產權住房的家庭在購房或購車時參與非正規金融市場的可能性更低，而僅擁有不完全產權住房的家庭在購房或購車時受到信貸約束的可能性更高，其參與非正規金融市場的可能性也更高。

檢驗上述猜想涉及三個不同的子樣本。首先，我們仍採用 CHFS 2011 年與 2013 年的兩輪面板數據分析住房財富對信用卡持有狀況的影響，由面板數據可知，在 2011 年不持有信用卡的家庭中，約有 7.6% 的家庭在 2013 年調查時持有信用卡，同時，在 2011 年持有信用卡的家庭中也有 35.69% 的家庭在 2013 年調查時不再持有信用卡，可見，是否持有信用卡這一變量在時間維度上的變化是非常大的。其次，我們採用以家庭的第一套住房作為觀測單元構成的樣本來分析住房產權對購房信貸約束的影響[②]，同時，為保證估計結果的穩健性，我們分別對全樣本與商品房樣本進行了估計。最後，我們根據 2013 年家庭橫截面數據來分析住房產權對購車信貸約束的影響[③]。

[①] 如無特殊說明，本書中所指的信貸約束是指來自銀行等正規金融機構的信貸約束。

[②] CHFS 最多詢問了家庭三套住房的信息，問卷最先詢問家庭正在居住的住房信息，由於後文中選擇的工具變量來源於家庭在調查時居住的社區層面的信息，因此，我們沒有將以家庭為觀測單元的數據整理為以每一套住房為觀測單元的數據來進行分析。

[③] CHFS 最多詢問了家庭兩輛車的信息，但僅有 1.81% 的家庭擁有兩輛以上的車，因此，我們沒有將以家庭為觀測單元的數據整理為以每一輛車為觀測單元的數據來進行分析。

首先，我們設定如下計量模型來考察住房財富對信用卡持有狀況的影響：

$$credit\_card_{it} = \beta_0 + \beta_1 Ln(housasset)_{it} + \beta_2 Ln(housasset)_{it} * full\_right$$
$$+ \Gamma' X_{it} + \alpha year_{2013} + c_i + u_{it}$$

(3.4)

$credit\_card$ 是表示是否持有信用卡的啞變量，$full\_right$ 是一個啞變量，$full\_right=1$ 表示家庭擁有的住房均為完全產權住房①，X_{it} 表示控制變量向量，控制變量的選取與前文的設定相同。i 是個體維度，t 是時間維度。我們同樣控制了時間固定效應 $year_{2013}$（基期為2011年）、個體固定效應 c_i。

表3-5 顯示了式（3.4）的固定效應模型估計結果。結果顯示，住房財富在10%的統計水準上顯著正向影響家庭持有信用卡的概率，同時，模型（2）的估計結果顯示，只有完全產權住房才具有上述影響，而不完全產權住房則不具有上述影響。由此可見，房產證可幫助家庭申請信用卡，而信用卡是消費者常用於緩解流動性約束的工具之一，這在一定程度上表明住房具有緩解流動性約束的功效。

表3-5　　　　　　　　　住房財富與信用卡持有狀況

	（1）	（2）
	credit_card	credit_card
Ln（housasset）	0.006*	0.003
	(0.003)	(0.003)
Ln（housasset）* full_right		0.032**
		(0.015)
控制變量	YES	YES
時間固定效應	YES	YES
constant	−0.108**	−0.205**
	(0.045)	(0.071)
N	10,130	10,130
R^2	0.024	0.025

註：括號裡是異方差的穩健標準誤。所有結果均採用固定效應模型估計。上標「***」「**」「*」分別表示在1%、5%和10%的統計水準上顯著。控制變量包括：非住房非金融資產、金融資產、總收入、住房負債、非住房負債、受訪者及配偶中擁有養老保障的人數、擁有醫療保險的人數、健康成員人數、失業人數占比、家庭總人數、16歲以下少年占比、60歲以上老年占比、上一年度有無紅白喜事。此處未匯報控制變量的估計結果，若需要，可向作者索取。

---

① 以家庭是否擁有完全產權住房為標準來劃分實驗組和對照組可以得到相似結論。

接下來，我們設定如下計量模型來考察住房產權對購房或購車中受到銀行的信貸約束及非正規金融市場參與的影響：

$$credit\_ration_i = \beta_0 + \beta_1 full\_right_i + \beta_2 Ln(housasset)_i + \Gamma' X_i + u_i \quad (3.5)$$

$$informal_i = \beta_0 + \beta_1 full\_right_i + \beta_2 Ln(housasset)_i + \Gamma' X_i + u_i \quad (3.6)$$

$credit\_ratio$ 是表示購房或購車時是否受到信貸約束的啞變量，受到信貸約束的家庭通常是指有信貸需求的家庭中，「需要貸款但沒申請」或「申請被拒絕」的家庭，研究信貸約束問題的關鍵是識別出有效的信貸需求（Kochar, 1997），CHFS 詢問了購房或購車家庭目前是否仍有銀行借款，對於目前沒有銀行借款的家庭則進一步詢問「為什麼沒有貸款」。具體包括 4 個選項：一是不需要；二是需要但沒申請過；三是申請被拒絕；四是以前有銀行貸款，但已還清。參照現有研究（朱喜，李子奈，2006；何明生，帥旭，2008），本小節定義的有信貸需求的家庭包括現在仍有貸款、需要貸款但沒申請過、申請被拒絕、以前有銀行貸款但已還清的家庭。$informal$ 是表示家庭在購房或購車時是否通過親戚朋友等非正規金融渠道借錢的啞變量。由於 CHFS 在 2013 年第二輪追訪樣本中新購房或購車的樣本比例較小，這會造成 $credit\_ration$ 和 $informal$ 這兩個變量在時間維度上缺乏足夠的變化，若採用面板數據固定效應模型進行估計，將損失大量樣本，因此，我們採用橫截面數據進行分析。在分析購房信貸約束或非正規金融市場參與時，i 表示 2013 年家庭調查數據中的第一套住房，此時，$full\_right$ 表示住房產權是否為完全產權的啞變量。在分析購車信貸約束或非正規金融市場參與時，i 表示 2013 年家庭調查數據中的每個家庭，為排除一些家庭先購車後購房的逆向因果關係，我們將購買或修建住房的時間限定在購車之前，當且僅當家庭在購車之前至少擁有一套完全產權住房時，$full\_right$ 的取值為 1，否則取值為 0。X 表示控制變量向量，包括住房現值（$housasset$）、除住房外的其他資產現值（$nhasset$）、勞動收入（$laborinc$）[1]、家庭總人數（$family\_num$）、受訪者及配偶中健康成員人數（$health\_num$）[2]、戶主年齡（age）、戶主年齡平方（$agesqr$）、戶主戶籍（$urban$）、戶主受教育年限（edu）、戶主性別（男性取值為 1）（$male$）、戶主婚姻狀況（已婚取值為 1）（$married$）、偏好風險（$risk\_prefer$）[3]、是否有家庭成員的工作具有事業單位公

---

[1] 勞動收入包括工資性收入、務農純收入、工商業經營純收入。
[2] CHFS 僅詢問了受訪者及其配偶的健康狀況。
[3] 風險偏好由受訪者的投資態度確定，若受訪者願意投資高風險、高回報和略高風險、略高回報的項目，則為風險偏好型，取值為 1，否則取值為 0。

務員編製啞變量（gov）①、是否有家庭成員在國有企業工作啞變量（$govfirm$）、是否有住房公積金啞變量（gjj）、是否有養老保障啞變量（$security$）、各區縣2010年GDP（gdp）②、城鄉啞變量（$rural$）、城市（地級以上城市）固定效應（$citydummy$）。在購車信貸約束的估計中，X還包括汽車現值（$carvalue$）、是否有住房負債（$hous\_debt$），控制是否有住房負債的原因在於住房再抵押（$second\ mortgage$）在中國並不普遍，住房仍有貸款未還清可能會影響家庭以住房作為媒介獲取消費信貸的能力。

相較於面板數據而言，採用橫截面數據進行分析將會因無法控制非觀測異質性而面臨更嚴重的內生性問題，擁有完全產權住房的家庭與不擁有完全產權住房的家庭是兩類完全不同的家庭，遺漏變量可能導致 $full\_right$ 的估計結果有偏差，比如能力、收入不確定性等。我們採用 Heckman（1978）提出的控制函數（Control Function）法來處理離散變量的內生性③，控制函數法的思想源於工具變量（IV）估計，但又不同於工具變量估計，其與工具變量估計的區別在於，控制函數法充分利用了內生變量與因變量的分佈信息，從而可以得到更有效的估計。控制函數法仍然需要尋找內生變量的工具變量，在本小節的分析中，我們需要尋找住房產權的工具變量。在中國，房屋產權由房屋所有權和土地使用權共同決定，家庭通常擁有房屋所有權，因此，理想的工具變量是能夠度量土地使用權差異，但並不影響家庭創業決策的變量。我們將家庭所居住社區（村）居民做飯的主要燃料來源是否為管道天然氣（CNG）作為住房產權的工具變量④，$CNG=1$ 表示做飯主要燃料來源為天然氣，否則取值為0。通常來講，社區公共設施更完善的地區的土地性質更可能是國有土地使用權，住房產權也更完整，但該變量並不直接影響購房或購車信貸約束。我們在迴歸分析中還考察了是否擁有住房對購車信貸約束的影響，即將上述模型中是否擁有完全產權住房啞變量替換為是否擁有住房，我們同樣以 CNG 作為是否擁有住房的工具變量，這是由於社區公共設施更完善的地區的租房比例更高，做飯燃料來源是否為天然氣與住房擁有率呈高度負相關。根據CHFS 2013年的調查數據，社區居民做飯燃料來源是否為管道天然氣與家庭住房是否為完全產權住

---

① CHFS 詢問了家庭成員的工作編製情況，包括事業編製、公務員編製、軍隊編製等。
② 作者只能查到更新到2010年的區縣GDP指標。
③ 這一方法將在5.4節中詳細介紹。
④ 中國家庭金融調查的社區（村）問卷中詳細詢問了社區（村）居民做飯的主要燃料來源，包括：柴草、煤炭、沼氣、管道天然氣/煤氣、液化石油氣、太陽能、電等。詢問對象為各社區（村）領導。

房、是否擁有住房的相關係數分別為 0.358、-0.088。

表 3-6 顯示了對家庭購買或修建不同產權類型住房時是否受到銀行信貸約束的估計，模型（1）、（2）是普通最小二乘（OLS）估計，模型（3）、（4）是與模型（1）、（2）相對應的控制函數法（Control Function）估計，我們可通過檢驗控制函數估計中 p_1 與 p_2 的聯合顯著性來判定原模型是否存在內生性[①]，若 p_1 與 p_2 聯合顯著，則表明 OLS 估計存在嚴重的內生性問題，應採用控制函數法的估計結果，反之亦然。估計結果顯示，無論是 OLS 估計還是控制函數估計，購買或修建完全產權住房受到信貸約束的概率均顯著低於不完全產權住房，同時，p_1 與 p_2 在控制函數估計中均聯合顯著，這表明 OLS 估計存在因內生性問題導致的估計偏誤，應採用控制函數法的估計結果。控制函數法的估計結果表明，相較於購買或修建不完全產權住房而言，購買或修建完全產權住房受到銀行信貸約束的概率要顯著低 0.282。僅採用商品房樣本進行估計，上述結果也同樣穩健。需要強調的是，上述結果均是在控制住房本身價值的條件下成立，其經濟含義為，購買價值相同但產權不同的住房，完全產權住房比不完全產權住房更容易獲得銀行信貸。由此可見，住房產權在家庭購買或修建住房時對其能否獲得來自銀行的消費信貸具有重要作用。

表 3-6　　　　　　　　　　住房產權與購房信貸約束

	OLS		Control function	
	（1）全樣本	（2）商品房	（3）全樣本	（4）商品房
full_right	-0.137***	-0.095***	-0.282***	-0.170**
	(0.018)	(0.029)	(0.038)	(0.071)
Ln（housasset）	-0.059***	-0.124***	-0.041***	-0.093***
	(0.007)	(0.014)	(0.008)	(0.018)
Ln（nhasset）	-0.017***	-0.002	-0.013***	-0.005
	(0.004)	(0.005)	(0.004)	(0.005)
Ln（laborinc）	-0.004*	-0.004	-0.004**	-0.004
	(0.002)	(0.002)	(0.002)	(0.002)
family_num	0.011***	0.003	0.002	0.001
	(0.004)	(0.007)	(0.004)	(0.007)
health_num	-0.026***	-0.017*	-0.026***	-0.016*
	(0.007)	(0.009)	(0.007)	(0.009)

---

① p_1 與 p_2 的詳細推導將在 5.4 節中詳細介紹。

表3-6(續)

	OLS		Control function	
	（1）全樣本	（2）商品房	（3）全樣本	（4）商品房
age	0.014***	0.013***	0.010***	0.011***
	(0.003)	(0.004)	(0.003)	(0.004)
$agesqr$	-0.000***	-0.000***	-0.000***	-0.000**
	(0.000)	(0.000)	(0.000)	(0.000)
$urban$	-0.040**	-0.012	0.018	0.026
	(0.017)	(0.018)	(0.018)	(0.026)
edu	-0.011***	-0.007**	-0.008***	-0.004
	(0.002)	(0.003)	(0.002)	(0.003)
$male$	0.030**	0.003	0.012	-0.001
	(0.014)	(0.014)	(0.013)	(0.014)
$married$	-0.003	0.003	0.002	-0.011
	(0.020)	(0.024)	(0.019)	(0.024)
$risk\_prefer$	-0.011	-0.012	-0.017	-0.010
	(0.015)	(0.016)	(0.015)	(0.017)
gov	-0.027	-0.024	-0.025	-0.024
	(0.018)	(0.018)	(0.016)	(0.018)
$govfirm$	0.016	0.014	0.021	0.008
	(0.018)	(0.018)	(0.016)	(0.018)
gij	-0.098***	-0.037*	-0.074***	-0.043**
	(0.018)	(0.020)	(0.018)	(0.020)
$security$	-0.016	0.012	-0.014	0.030
	(0.015)	(0.024)	(0.014)	(0.025)
$Ln(gdp)$	0.007	0.007	-0.024*	-0.011
	(0.009)	(0.010)	(0.013)	(0.011)
$rural$	-0.099***	0.018	-0.089***	-0.003
	(0.024)	(0.065)	(0.023)	(0.095)
p_1			0.185***	0.092
			(0.036)	(0.084)
p_2			0.010***	0.009**
			(0.003)	(0.004)
城市啞變量	YES	YES	YES	YES

表3-6(續)

	OLS		Control function	
	(1) 全樣本	(2) 商品房	(3) 全樣本	(4) 商品房
constant	1.073***	0.801***	1.088***	0.981***
	(0.123)	(0.118)	(0.170)	(0.128)
N	6,952	2,586	6,952	2,586
R^2	0.258	0.255	0.356	0.365

註：表中的被解釋變量均為購房或建房時是否受到來自銀行的信貸約束啞變量。括號裡是異方差穩健標準誤。上標「***」「**」「*」分別表示在1%、5%和10%的統計水準上顯著。

表 3-7 報告了對家庭購買或修建不同產權類型住房時是否從非正規金融渠道（親戚、朋友等）進行借款估計，同理，模型（1）、（2）是普通最小二乘估計，模型（3）、（4）是與模型（1）、（2）相對應的控制函數法估計。p_1與p_2在模型（3）中聯合顯著，但在模型（4）中聯合不顯著，因此，僅採用商品房樣本進行分析時不能拒絕 OLS 估計一致的原假設，即全樣本估計應採用控制函數法的估計結果，而僅使用商品房樣本進行分析時應採用 OLS 估計結果。估計結果顯示，無論是採用全樣本還是商品房樣本，家庭購買或修建完全產權住房時從非正規金融渠道借款的概率均顯著低於購買或修建不完全產權住房的概率。這與劉西川等（2014）的發現一致，即非正規金融是正規金融的有力補充，由於購買或修建完全產權住房更容易獲得正規金融信貸，這就降低了這些家庭對非正規金融借貸的需求。

表 3-7　　住房產權與購房非正規金融市場參與

	OLS		Control function	
	(1) 全樣本	(2) 商品房	(3) 全樣本	(4) 商品房
full_right	−0.055***	−0.038*	−0.141***	−0.114
	(0.009)	(0.023)	(0.048)	(0.116)
Ln（housasset）	0.017***	−0.015**	0.035***	0.013
	(0.003)	(0.007)	(0.004)	(0.026)
Ln（nhasset）	−0.037***	−0.048***	−0.030***	−0.021
	(0.002)	(0.004)	(0.003)	(0.014)
Ln（laborinc）	0.000	0.001	−0.001	−0.001
	(0.001)	(0.002)	(0.001)	(0.006)

表3-7(續)

	\multicolumn{2}{c	}{OLS}	\multicolumn{2}{c}{Control function}
	(1) 全樣本	(2) 商品房	(3) 全樣本	(4) 商品房
$family\_num$	0.021***	0.030***	0.014***	0.035**
	(0.002)	(0.006)	(0.003)	(0.017)
$health\_num$	−0.028***	−0.020***	−0.032***	−0.007
	(0.004)	(0.007)	(0.005)	(0.027)
age	0.009***	0.009***	0.010***	0.021**
	(0.001)	(0.003)	(0.002)	(0.008)
$agesqr$	−0.000***	−0.000***	−0.000***	−0.000***
	(0.000)	(0.000)	(0.000)	(0.000)
$urban$	−0.056***	−0.016	−0.057***	−0.032
	(0.009)	(0.015)	(0.017)	(0.050)
edu	−0.003***	−0.003	−0.003*	−0.005
	(0.001)	(0.002)	(0.001)	(0.007)
$male$	0.011	0.012	−0.003	0.002
	(0.007)	(0.012)	(0.012)	(0.046)
$married$	0.043***	0.055***	0.037***	−0.017
	(0.009)	(0.019)	(0.013)	(0.078)
$risk\_prefer$	−0.011	−0.041***	0.001	−0.122*
	(0.009)	(0.016)	(0.014)	(0.063)
gov	0.006	−0.013	0.017	−0.012
	(0.010)	(0.016)	(0.020)	(0.064)
$govfirm$	−0.015	−0.026*	−0.006	−0.031
	(0.010)	(0.015)	(0.019)	(0.063)
gij	0.015	0.047***	0.020	0.178***
	(0.010)	(0.017)	(0.020)	(0.059)
$security$	0.013	0.031*	0.003	−0.025
	(0.009)	(0.017)	(0.010)	(0.052)
$Ln(gdp)$	−0.015***	−0.016**	−0.019**	−0.016
	(0.005)	(0.008)	(0.009)	(0.022)
$rural$	0.003	0.012	0.020*	0.009
	(0.013)	(0.044)	(0.012)	(0.085)

表3-7(續)

	OLS		Control function	
	(1) 全樣本	(2) 商品房	(3) 全樣本	(4) 商品房
p_1			0.104**	0.102
			(0.048)	(0.107)
p_2			0.004**	0.002
			(0.001)	(0.005)
城市啞變量	YES	YES	YES	YES
constant	0.321***	0.237***	0.289***	−0.771***
	(0.078)	(0.090)	(0.100)	(0.254)
N	23,701	5,647	23,701	5,647
R^2	0.113	0.106	0.158	0.165

註：表中的被解釋變量均為購房或建房時是否參與非正規金融市場借款的啞變量。括號裡是異方差穩健標準誤。上標「***」「**」「*」分別表示在1%、5%和10%的統計水準上顯著。

我們接著分析住房產權對購車信貸約束及非正規金融市場參與的影響。表3-8報告了住房產權影響購車信貸約束的估計結果，為便於比較，模型（1）以是否擁有住房作為關鍵解釋變量進行了估計，同樣地，此處是否擁有住房是指家庭購車之前是否擁有住房，模型（2）以是否擁有完全產權住房作為關鍵解釋變量進行了估計，模型（3）與模型（2）的變量設定相同，但模型（3）僅根據有房家庭樣本的數據進行估計，模型（4）、（5）、（6）是與模型（1）、（2）、（3）相對應的控制函數法估計。估計結果顯示，p_1與p_2在模型（4）中聯合顯著，但在模型（5）、（6）中均聯合不顯著，因此，以是否擁有住房（hous_hold）作為關鍵解釋變量的估計應選擇控制函數法的估計結果，但以是否擁有完全產權住房作為關鍵解釋變量的估計應選擇OLS估計結果。結果顯示，購車前擁有住房並不能顯著降低家庭購車時受到的信貸約束，但擁有完全產權住房可顯著降低家庭購車時受到的信貸約束，即使對於有房家庭，擁有完全產權住房的家庭在購車時受到信貸約束的概率也顯著低於僅擁有不完全產權住房的家庭。這表明，住房本身能否在家庭消費時發揮緩解信貸約束的功效取決於住房是否具備完整的產權。

表 3-8　　　　　　　　　住房產權與購車信貸約束

	OLS			Control function		
	(1) 全樣本	(2) 全樣本	(3) 有房樣本	(4) 全樣本	(5) 全樣本	(6) 有房樣本
hous_hold	0.016 (0.069)			-0.019 (0.085)		
full_right		-0.099** (0.040)	-0.104** (0.044)		-0.092 (0.066)	-0.059 (0.076)
Ln（housasset）	-0.000 (0.006)	0.007 (0.005)	0.008 (0.012)	-0.000 (0.006)	0.005 (0.005)	0.002 (0.013)
Ln（carvalue）	-0.141*** (0.026)	-0.135*** (0.022)	-0.157*** (0.024)	-0.110*** (0.039)	-0.138*** (0.028)	-0.173*** (0.032)
Ln（nhasset）	-0.013 (0.013)	-0.022** (0.011)	-0.019 (0.012)	-0.014 (0.013)	-0.013 (0.013)	-0.014 (0.014)
Ln（laborinc）	-0.001 (0.006)	-0.002 (0.005)	-0.002 (0.006)	-0.000 (0.006)	-0.001 (0.006)	-0.002 (0.007)
hous_debt	0.017 (0.042)	-0.004 (0.038)	-0.009 (0.040)	0.015 (0.042)	0.016 (0.042)	0.003 (0.044)
family_num	-0.013 (0.014)	0.001 (0.012)	0.004 (0.013)	-0.012 (0.014)	-0.013 (0.014)	-0.005 (0.016)
health_num	-0.035 (0.024)	-0.029 (0.021)	-0.030 (0.023)	-0.032 (0.024)	-0.035 (0.024)	-0.040 (0.027)
age	0.015* (0.008)	0.019** (0.008)	0.015* (0.008)	0.016* (0.008)	0.015* (0.008)	0.014 (0.009)
agesqr	-0.000* (0.000)	-0.000** (0.000)	-0.000* (0.000)	-0.000* (0.000)	-0.000* (0.000)	-0.000 (0.000)
urban	-0.021 (0.049)	0.017 (0.044)	-0.003 (0.050)	-0.023 (0.049)	-0.010 (0.049)	-0.021 (0.057)
edu	-0.004 (0.006)	-0.002 (0.006)	0.002 (0.006)	-0.003 (0.006)	-0.003 (0.006)	0.002 (0.007)
male	0.082* (0.045)	0.082** (0.040)	0.066 (0.043)	0.079* (0.046)	0.080* (0.046)	0.035 (0.050)
married	0.079 (0.070)	0.038 (0.062)	-0.001 (0.075)	0.077 (0.070)	0.073 (0.071)	-0.028 (0.086)

表3-8(續)

	OLS			Control function		
	（1）全樣本	（2）全樣本	（3）有房樣本	（4）全樣本	（5）全樣本	（6）有房樣本
risk_prefer	0.020	0.036	0.033	0.019	0.022	0.021
	(0.046)	(0.042)	(0.046)	(0.046)	(0.046)	(0.050)
gov	−0.053	−0.038	−0.064	−0.055	−0.050	−0.091*
	(0.045)	(0.041)	(0.044)	(0.045)	(0.045)	(0.049)
govfirm	0.042	0.035	0.026	0.037	0.047	0.043
	(0.055)	(0.050)	(0.053)	(0.054)	(0.054)	(0.057)
security	−0.073*	−0.045	−0.015	−0.070	−0.068	−0.045
	(0.044)	(0.040)	(0.044)	(0.044)	(0.044)	(0.047)
$Ln(gdp)$	−0.003	−0.029	−0.033*	−0.006	−0.003	−0.016
	(0.030)	(0.019)	(0.020)	(0.030)	(0.030)	(0.035)
rural	−0.002	−0.043	−0.059	−0.002	−0.032	−0.058
	(0.053)	(0.050)	(0.055)	(0.054)	(0.056)	(0.064)
p_1				0.068	0.007	−0.056
				(0.066)	(0.050)	(0.057)
p_2				−0.000**	0.000	0.000
				(0.000)	(0.000)	(0.000)
城市啞變量	YES	YES	YES	YES	YES	YES
constant	1.014***	0.965***	0.238	0.980***	0.933***	0.268
	(0.323)	(0.264)	(0.261)	(0.324)	(0.323)	(0.332)
N	919	919	785	919	919	785
R^2	0.325	0.174	0.190	0.328	0.328	0.370

註：表3-8中的被解釋變量均為購車時是否受到來自銀行的信貸約束啞變量。括號裡是異方差穩健標準誤。上標「***」「**」「*」分別表示在1%、5%和10%的統計水準上顯著。

表3-9顯示了住房產權影響購車非正規金融市場參與的估計結果，其與表3-8的變量設定相同。結果顯示，無論是OLS估計還是控制函數法估計，購車前擁有住房都顯著提高了家庭購車時參與非正規金融市場的概率，但擁有完全產權住房卻顯著降低了家庭購車時參與非正規金融市場的概率，即使對於有房家庭樣本，上述結果依然成立。這與非正規金融市場是正規金融市場的有力補充的研究結論一致（劉西川，2014），由於完全產權住房可幫助家庭在購車時獲得正規金融信貸，這就降低了這些家庭在非正規金融市場的借款需求。

表 3-9　　　　　　　住房產權與購車非正規金融市場參與

	OLS			Control function		
	(1) 全樣本	(2) 全樣本	(3) 有房樣本	(4) 全樣本	(5) 全樣本	(6) 有房樣本
hous_hold	0.053***			0.123***		
	(0.016)			(0.045)		
full_right		−0.038***	−0.067***		−0.036**	−0.065***
		(0.012)	(0.015)		(0.018)	(0.024)
Ln(housasset)	−0.009***	−0.005***	−0.019***	−0.010***	−0.005***	−0.019***
	(0.002)	(0.002)	(0.004)	(0.002)	(0.002)	(0.004)
Ln(carvalue)	0.011*	0.012**	0.015**	0.010	0.012	0.015
	(0.006)	(0.006)	(0.007)	(0.015)	(0.008)	(0.010)
Ln(nhasset)	−0.038***	−0.039***	−0.037***	−0.031***	−0.039***	−0.037***
	(0.004)	(0.004)	(0.004)	(0.009)	(0.004)	(0.004)
Ln(laborinc)	0.001	0.001	0.001	−0.002	0.001	0.001
	(0.001)	(0.001)	(0.001)	(0.004)	(0.001)	(0.001)
hous_debt	0.042***	0.036***	0.049***	0.056*	0.035***	0.049***
	(0.012)	(0.012)	(0.013)	(0.031)	(0.012)	(0.013)
family_num	0.012***	0.012***	0.010**	0.020*	0.012***	0.010**
	(0.004)	(0.004)	(0.004)	(0.012)	(0.004)	(0.004)
health_num	−0.021***	−0.021***	−0.021***	−0.022	−0.021***	−0.022***
	(0.007)	(0.007)	(0.007)	(0.017)	(0.007)	(0.007)
age	0.004	0.004*	0.003	0.013**	0.004*	0.003
	(0.002)	(0.002)	(0.002)	(0.006)	(0.002)	(0.002)
agesqr	−0.000*	−0.000**	−0.000	−0.000**	−0.000*	−0.000
	(0.000)	(0.000)	(0.000)	(0.000)	(0.000)	(0.000)
urban	−0.020	−0.017	0.001	−0.054*	−0.017	0.001
	(0.012)	(0.012)	(0.014)	(0.028)	(0.013)	(0.014)
head_edu	−0.003	−0.002	−0.002	0.000	−0.002	−0.002
	(0.002)	(0.002)	(0.002)	(0.004)	(0.002)	(0.002)
head_male	0.013	0.013	0.010	0.015	0.013	0.010
	(0.011)	(0.011)	(0.012)	(0.027)	(0.011)	(0.012)
married	0.029	0.031*	0.021	0.054	0.031*	0.021
	(0.018)	(0.018)	(0.021)	(0.043)	(0.018)	(0.021)

表3-9(續)

	OLS			Control function		
	(1)全樣本	(2)全樣本	(3)有房樣本	(4)全樣本	(5)全樣本	(6)有房樣本
risk_prefer	−0.014 (0.012)	−0.014 (0.012)	−0.011 (0.013)	−0.031 (0.030)	−0.013 (0.012)	−0.011 (0.013)
gov	−0.003 (0.012)	−0.001 (0.012)	−0.003 (0.013)	−0.004 (0.031)	−0.001 (0.012)	−0.003 (0.013)
govfirm	0.004 (0.014)	0.005 (0.014)	0.001 (0.014)	0.033 (0.037)	0.005 (0.014)	0.001 (0.014)
security	0.015 (0.014)	0.016 (0.014)	0.029* (0.015)	−0.028 (0.034)	0.016 (0.014)	0.029* (0.015)
Ln(gdp)	−0.005 (0.007)	−0.007 (0.006)	−0.009 (0.007)	0.001 (0.011)	−0.007 (0.006)	−0.009 (0.007)
rural	0.014 (0.017)	0.003 (0.017)	−0.025 (0.019)	0.037 (0.056)	0.003 (0.017)	−0.026 (0.019)
p_1				−0.027 (0.023)	−0.002 (0.015)	−0.003 (0.018)
p_2				−0.000 (0.000)	0.000 (0.000)	0.000 (0.000)
城市啞變量	YES	YES	YES	YES	YES	YES
constant	0.824*** (0.206)	0.752*** (0.207)	0.539** (0.223)	0.488* (0.270)	0.752*** (0.207)	0.540** (0.223)
N	4,911	4,911	4,196	4,911	4,911	4,196
R^2	0.161	0.161	0.175	0.163	0.161	0.175

註：表3-9中的被解釋變量均為購車時是否參與非正規金融市場的啞變量。括號裡是異方差穩健標準誤。上標「***」「**」「*」分別表示在1%、5%和10%的統計水準上顯著。

綜上所述，住房財富效應在中國顯著存在，而且，住房具有通過緩解流動性約束而促進消費的影響機制。具體體現為，具有抵押融資功能的完全產權住房的財富效應高於不可抵押的不完全產權住房，受流動性約束程度更嚴重的低收入家庭的住房財富效應更高。通過進一步的分析發現，完全產權住房價值越高，家庭持有信用卡的概率越高，完全產權住房可幫助家庭在購房或購車時更容易獲得消費信貸，且擁有完全產權住房的家庭在購房或購車時參與非正規金融市場的概率更低，而不完全產權住房則不具上述影響。這些證據均表明，住房具有緩解流動性約束而促進消費的影響機制，但住房能在多大程度上緩解流

動性約束依賴於住房產權的完備性。由此可見，通過完善住房在消費信貸市場中的作用機制可創造新的消費增長點。

3.5 穩健性檢驗

本小節主要從以下幾方面對前文的分析進行穩健性檢驗，以提供更加可靠的研究結論。首先，一些學者認為住房財富中真正發揮作用的是除住房負債外的住房淨值（如 Disney, et al., 2010；Mian & Sufi, 2010），因此，我們以住房淨值替代前文估計中的住房資產總價值進行穩健性檢驗。其次，前文的分析樣本中包括城鎮和農村的住房，在中國，由於城鄉二元經濟結構，農村地區住房受城市房價影響的可能較小，因此，我們以城鎮戶籍家庭樣本重新估計上述模型。最後，我們以住房負債（包括銀行借款和非正規金融借款）收入比來衡量家庭受到的流動性約束程度來對住房財富效應的影響機制進行穩健性檢驗。貸款收入比是常用於衡量流動性約束程度的指標（Johnson & Li, 2010；Mian & Sufi, 2012）。一方面，貸款收入比越高，意味著家庭「去槓桿」的壓力越大；另一方面，金融機構常用貸款收入比來衡量借款者的償債能力，貸款收入比越高，意味著家庭的償債能力越弱，進一步獲得借款的可能性越低，由此導致家庭受到信貸約束，這將加劇家庭當前受到的流動性約束；最後，房貸收入比越高還意味著住房可用於再抵押（Second Mortgage）的價值越小，這將影響家庭的融資規模。

表3-10報告了採用住房淨值替代住房總資產的估計結果，Ln（$hnetvalue$）表示住房淨值的對數。Panel A 是住房財富效應存在性檢驗的估計結果，Panel B 和 Panel C 是住房財富效應產權異質性和收入異質性的估計結果。可以發現，住房淨值仍顯著正向影響消費，且擁有完全產權住房和低收入家庭的消費受住房淨值的影響更大，這與前文的研究結論非常一致。表3-11以城鎮戶籍家庭樣本進行分析後的估計結果與前文得到的研究結論相同。表3-12報告了以住房負債收入比來衡量流動性約束的估計結果，Ln（$hdebt\_inc$）表示住房負債收入比對數，可以發現，受流動性約束程度越高（住房負債收入比越高）的家庭的住房財富效應越大，且這一差異主要源於住房對食品衣著消費的影響。由此可見，採用更精確的樣本或更換不同的代理變量重複前文的分析，本章的研究結論依然成立。

表 3-10　　　　　　　　　以住房淨值替代住房總資產

Panel A 住房財富效應的存在性檢驗

	(1) Ln(consump)	(2) Ln(durable)	(3) Ln(decoration)	(4) Ln(foodcloth)	(5) Ln(edu_spend)
Ln(hnetvalue)	0.053***	0.072	0.099**	0.019	0.134**
	(0.013)	(0.051)	(0.049)	(0.014)	(0.054)
N	10,020	10,020	10,020	10,020	10,020
R^2	0.143	0.014	0.013	0.243	0.050

Panel B 住房財富效應的產權異質性

	(1) Ln(consump)	(2) Ln(durable)	(3) Ln(decoration)	(4) Ln(foodcloth)	(5) Ln(edu_spend)
Ln(hnetvalue)	0.046***	0.032	0.066	0.015	0.124**
	(0.014)	(0.053)	(0.052)	(0.015)	(0.056)
Ln(hnetvalue)*full_right	0.072*	0.389**	0.363**	0.039	0.117
	(0.037)	(0.172)	(0.168)	(0.035)	(0.180)
N	10,020	10,020	10,020	10,020	10,020
R^2	0.146	0.015	0.015	0.243	0.051

Panel C 住房財富效應的收入異質性

	(1) Ln(consump)	(2) Ln(durable)	(3) Ln(decoration)	(4) Ln(foodcloth)	(5) Ln(edu_spend)
Ln(hnetvalue)	0.186***	−0.182	0.049	0.167***	0.232*
	(0.041)	(0.123)	(0.118)	(0.041)	(0.130)
Ln(hnetvalue)*Ln(income)	−0.014***	0.027**	0.006	−0.016***	−0.010
	(0.004)	(0.013)	(0.013)	(0.004)	(0.013)
N	10,020	10,020	10,020	10,020	10,020
R^2	0.149	0.015	0.014	0.247	0.051

註：由於存在少部分住房淨值為負的樣本，取對數後，這些樣本成為缺失值，因此，有效樣本與前文的分析中略有不同。括號裡是異方差穩健標準誤，所有結果均採用固定效應模型估計。此表均對控制變量、時間固定效應和常數項進行了控制，為節約篇幅，未予以匯報，若需要，可向作者索取。上標「***」「**」「*」分別表示在1%、5%和10%的統計水準上顯著。

表 3-11　　　　　　　　　僅使用城鎮戶籍家庭樣本

Panel A 住房財富效應的存在性檢驗

	(1) Ln(consump)	(2) Ln(durable)	(3) Ln(decoration)	(4) Ln(foodcloth)	(5) Ln(edu_spend)
Ln(housasset)	0.081***	0.386***	0.113	0.026	−0.051
	(0.025)	(0.134)	(0.134)	(0.026)	(0.131)
N	4,464	4,464	4,464	4,464	4,464
R^2	0.162	0.020	0.014	0.312	0.040

表3-11(續)

Panel B 住房財富效應的產權異質性

$Ln(housasset)$	0.034	0.196	−0.115	−0.008	−0.125
	(0.028)	(0.177)	(0.157)	(0.035)	(0.161)
$Ln(housasset) * full\_right$	0.123**	0.502*	0.599**	0.089*	0.195
	(0.048)	(0.268)	(0.259)	(0.047)	(0.270)
N	4,464	4,464	4,464	4,464	4,464
R^2	0.166	0.022	0.018	0.313	0.041

Panel C 住房財富效應的收入異質性

$Ln(housasset)$	0.186***	−0.182	0.049	0.167***	0.232*
	(0.041)	(0.123)	(0.118)	(0.041)	(0.130)
$Ln(housasset) * Ln(income)$	−0.014***	0.027**	0.006	−0.016***	−0.010
	(0.004)	(0.013)	(0.013)	(0.004)	(0.013)
N	4,464	4,464	4,464	4,464	4,464
R^2	0.169	0.021	0.014	0.314	0.041

註：括號裡是異方差穩健標準誤，所有結果均採用固定效應模型估計。此表均對控制變量、時間固定效應和常數項進行了控制，為節約篇幅，未予以匯報，若需要，可向作者索取。上標「***」「**」「*」分別表示在1%、5%和10%的統計水準上顯著。

表 3-12　　採用住房負債收入比衡量流動性約束

	(1) $Ln(consump)$	(2) $Ln(durable)$	(3) $Ln(decoration)$	(4) $Ln(foodcloth)$	(5) $Ln(edu\_spend)$
$Ln(housasset)$	0.112***	0.092	0.156**	0.105***	0.105
	(0.021)	(0.081)	(0.079)	(0.025)	(0.079)
$Ln(housasset) * Ln(hdebt\_inc)$	0.005***	−0.003	0.005	0.007***	−0.004
	(0.002)	(0.008)	(0.007)	(0.002)	(0.007)
$Ln(hdebt\_inc)$	−0.063***	0.016	−0.036	−0.113***	0.063
	(0.021)	(0.095)	(0.087)	(0.025)	(0.087)
控制變量	YES	YES	YES	YES	YES
時間固定效應	YES	YES	YES	YES	YES
N	10,130	10,130	10,130	10,130	10,130
R^2	0.123	0.014	0.014	0.170	0.049

註：括號裡是異方差穩健標準誤，所有結果均採用固定效應模型估計。此表均對控制變量、時間固定效應和常數項進行了控制，為節約篇幅，未予以匯報，若需要，可向作者索取。上標「***」「**」「*」分別表示在1%、5%和10%的統計水準上顯著。

3.6 進一步的討論:「房奴效應」抑制了財富效應嗎?

一些文獻認為高房價下,為購房而儲蓄的動機或沉重的房貸負擔是造成住房財富效應不存在的重要原因(謝潔玉,等,2012;陳彥斌,邱哲聖,2011;顏色,朱國鐘,2013;陳斌開,楊汝岱,2013),學者們通常將為購房而儲蓄或為償還房貸而抑制消費稱為「房奴效應」(顏色,朱國鐘,2013)。我們對「房奴效應」是否抑制住房財富效應進行檢驗。我們選取三個變量來衡量「房奴效應」:一是家庭在 2013 年調查時是否租房居住,以「rent」表示該變量,租房居住取值為 1,否則取值為 0;二是家庭是否有購房計劃,該變量來源於 CHFS 2011 年調查問卷中的問題,即「如果存在結餘,結餘的錢有哪些用途?」。選項包括買房、購買金融資產、實業投資、為退休做準備、為孩子讀書、為孩子結婚、購買大件商品及其他,我們將選擇買房的家庭視為有購房計劃的家庭,以「buy_motivation」表示該變量,有購房計劃取值為 1,否則取值為 0;三是家庭在 2013 年接受調查時是否仍有住房貸款尚未還清,以「hous_loan」表示該變量,住房貸款尚未還清取值為 1,否則取值為 0。

表 3-13 報告了在基礎模型中加入住房財富與上述三個變量的交乘項的估計結果。可以發現,交乘項的系數均至少在 10% 的統計水準上顯著為負,即租房、有購房計劃和住房貸款尚未還清的家庭的住房財富效應顯著低於各自的參照組。由此可見,「房奴效應」確實抑制了住房財富效應的發揮,這與楊讚等(2014)的研究發現一致,但這並不能否認住房財富效應的存在,因為,在樣本均值處,租房、有購房計劃和住房貸款尚未還清的比例分別為 6.91%、21.05%、9.80%,即只有少部分家庭的住房財富效應不存在,就整個經濟社會而言,住房仍具有促進消費的財富效應。但這也從另一個角度表明,隨著租房、有購房計劃和償還房貸的家庭比例的增加,住房財富效應將越來越小,政府採取減輕居民購房負擔的政策既可直接促進消費,又可增強住房財富效應,具有「一箭雙鵰」的作用。

表 3-13 「房奴效應」對財富效應的抑制

	(1) $Ln(consump)$	(2) $Ln(consump)$	(3) $Ln(consump)$
$Ln(housasset)$	0.068*** (0.014)	0.066*** (0.014)	0.068*** (0.014)

表3-13(續)

	(1) $Ln(consump)$	(2) $Ln(consump)$	(3) $Ln(consump)$
$Ln(housasset)*rent$	-0.071** (0.032)		
$Ln(housasset)*buy\_motivation$		-0.030* (0.016)	
$Ln(housasset)*hous\_loan$			-0.088* (0.050)
控制變量	YES	YES	YES
時間固定效應	YES	YES	YES
constant	7.820*** (0.180)	7.810*** (0.178)	7.917*** (0.176)
N	10,130	10,130	10,130
R^2	0.148	0.149	0.148

註：括號裡是異方差穩健標準誤，所有結果均採用固定效應模型估計。此處未匯報控制變量、時間固定效應的估計結果，若需要，可向作者索取。上標「***」「**」「*」分別表示在1％、5％和10％的統計水準上顯著。

3.7 結論與政策建議

　　基於中國家庭金融調查（CHFS）中2011年與2013年的微觀面板數據，本章重點分析了現有文獻關於住房財富與消費之間存在爭議的幾個問題：第一，住房財富效應在中國是否顯著存在？第二，是否存在支撐住房財富效應的微觀機制？第三，為購房而儲蓄的動機或償還住房貸款是否抑制了住房財富效應？研究發現，住房財富效應在中國顯著存在，其他因素不變，住房財富每增加1％，家庭消費將增加0.063％。我們從住房產權、家庭收入兩個方面考察了住房財富是否具有緩解流動性約束而促進消費的影響機制。結果發現，具有抵押融資功能的完全產權住房的財富效應高於不可抵押的無產權住房，且這一差異主要源於住房對耐用品、住房裝修維修支出的影響；受流動性約束程度更嚴重的低收入家庭的住房財富效應更高，且這一差異主要源於住房對食品衣著支出的影響。以住房淨值替代住房總價值、以城鎮戶籍家庭作為樣本、以住房負債收入比作為流動性約束的代理變量重新進行分析後的估計結果依然穩健。住房是否具有產權是家庭能否在正規金融市場和非正規金融市場獲得消費融資的

重要「信號」，這主要影響家庭對大額商品的消費，而低收入家庭受流動性約束更嚴重，他們傾向於將增加的住房財富用於日常消費的支出，可能的影響機制是住房財富的增加提高了他們從非正規金融市場獲取消費借款的能力與信心。通過直接分析住房對消費信貸約束及非正規金融市場參與的影響為住房緩解流動性約束提供了直接有力的證據，研究發現，完全產權住房的價值越高，家庭持有信用卡的概率越高，完全產權住房可更容易幫助家庭在購房或購車時獲得消費信貸，且擁有完全產權住房的家庭在購房或購車時參與非正規金融市場的概率更低，而不完全產權住房則不具上述影響。這些證據均表明，住房具有緩解流動性約束而促進消費的影響機制，但住房能在多大程度上緩解流動性約束依賴於住房產權的完備性。研究還發現，租房、有購房計劃和償還房貸的家庭的住房財富效應更低，即購房負擔會抑制住房財富效應的發揮。

　　本章的研究具有重要的政策含義。首先，住房財富在擴大內需方面具有非常重要的作用，相關政策部門應以穩定房價為目標，防止房價出現劇烈波動，以保證住房財富效應的穩定發揮。同時，有關部門應逐步提高住房擁有率並完善住房產權，在嚴格監管的前提下優化住房在消費信貸市場中的作用，比如准許農民住房可抵押、可擔保，由此可創造新的消費增長點。其次，由於購房負擔會抑制住房財富效應的發揮，政府應採取政策減輕居民的購房負擔，這既可直接促進消費，又可增強住房財富效應，具有「一箭雙雕」的作用。

4 「房奴效應」與財富效應的比較研究

上一章的結論顯示，為購房而儲蓄的動機和償還住房貸款會抑制住房財富效應的發揮，那麼，這兩類經濟行為是否會直接擠出家庭當期的消費呢？本章將對這一問題進行深入分析，為房價上漲對家庭消費的影響提供更全面的理解。

4.1 典型事實

近年來，圍繞著「高房價」與「總內需不足」兩大經濟熱點，越來越多的學者和政策制定者開始思考沉重的購房負擔是否是中國當前消費疲軟和總內需不足的原因之一，學者們通常將購房負擔對消費的抑制稱為「房奴效應」（顏色，朱國鐘，2013）。圖4-1顯示，從1997—2013年，中國個人住房抵押貸款增長迅速，個人住房抵押貸款（年末餘額）占GDP的比重從1997年的0.2%上升到2013年的17.5%，個人住房抵押貸款（年末餘額）占居民可支配收入的比重也從1997年的0.6%上升到2013年的52.3%。與此同時，城鎮居民平均消費傾向持續下降，從1997年的81.1%下降到2013年的66.9%，農村居民平均消費傾向也在2006年後呈下降趨勢。這種不斷加重的購房負擔和不斷下降的平均消費傾向是巧合還是存在某種因果關係？本章將予以嚴謹的實證分析。

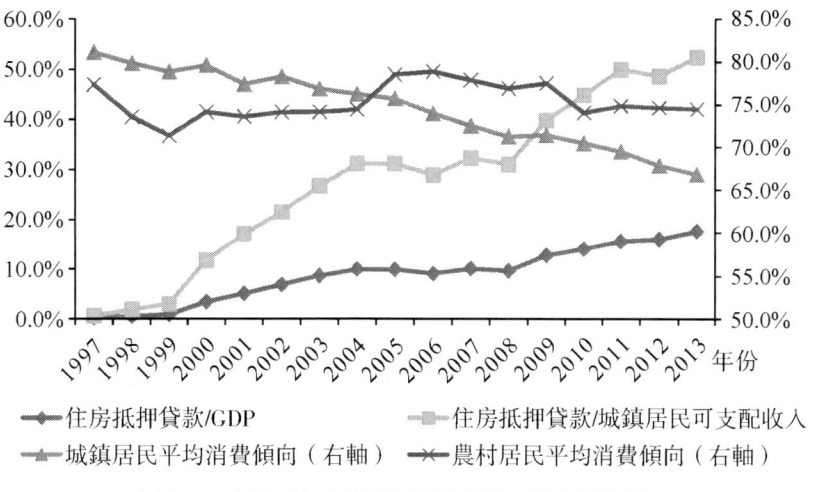

圖 4-1　中國歷年住房抵押貸款與居民平均消費傾向

資料來源：住房抵押貸款 1997—1999 年數據轉引自楊大楷等所著的《中國個人消費信貸狀況及風險防範研究》。其餘數據由作者根據《中華人民共和國統計公報》（2000—2013）整理而得。城鄉居民可支配收入、城鄉居民平均消費傾向根據國家統計局公布的數據整理而得。

4.2　文獻回顧

4.2.1　中國居民長期消費不振的解釋

本章的分析可為中國居民消費長期疲軟提供一個新的理解視角。長期以來，居民消費疲軟始終是中國經濟發展的短板，針對這一問題，學者們從多個角度進行瞭解釋。第一種解釋以流動性約束論為基礎，認為中國金融市場不發達，消費信貸的規模和種類較少，同時，信貸市場的信息不對稱導致該市場存在道德風險和逆向選擇，這使均衡的信貸利率高於信息對稱情況下的均衡利率，由此導致消費者無法實現理想的借貸需求，從而被迫降低消費（比如，齊天翔，李文華，2000；萬廣華，等，2001；唐紹祥，等，2010）。第二種解釋以預防性儲蓄論為基礎，認為中國醫療、教育和養老保障體系的不完善加劇了居民未來面臨的不確定性，增強了居民預防性儲蓄動機，導致居民消費不足（羅楚亮，2004；易行健，等，2008；何立新，等，2008；楊汝岱，陳斌開，2009；周紹杰，2010；李燕橋，臧旭恆，2011；Meng，2003）。第三種解釋認為收入不均是中國居民消費不足的重要原因，一方面，根據凱恩斯的邊際消費傾向遞減理論，高收入人群的消費基本被滿足，邊際消費傾向低，而低收入人

群想要消費但又缺乏購買力，從而造成整個經濟消費疲軟（朱國林，等，2002；楊汝岱，朱詩娥，2007）；另一方面，低收入人群為了躋身「上流社會」也不得不極力儲蓄，縮減消費（金燁，等，2011）。第四種解釋從文化傳統、消費習慣的角度進行論證，認為中國居民長久以來形成的勤勞節儉的優良傳統以及與西方發達國家居民迥然不同的消費習慣是導致中國居民消費低迷的原因之一（龍志和，2002；艾春榮，汪偉，2008；杭斌，郭香俊，2009；雷欽禮，2009；杭斌，2010）。

上述研究對中國居民消費低迷的原因的探討已非常深入，然而，隨著金融市場的不斷發展，養老、醫療、教育等社會保障體系的不斷完善，「80後」「90後」逐漸成為消費的主力軍，中國居民高儲蓄、低消費的弊端仍未得到改善。數據顯示，中國居民部門的儲蓄率從2007年的39.9%上升到2012年的40.7%[①]，可見，消費不足並不能完全由上述原因解釋。隨著中國房價的高漲，一些學者自然而然地將高房價與低消費相聯繫，他們認為住房價格上漲使得居民不得不「為購房而儲蓄」，從而降低了消費（陳彥斌，邱哲聖，2011；陳斌開，楊汝岱，2013；謝潔玉，等，2012；楊贊，等，2014；Wang & Wen，2011）。但是，以高房價來解釋中國低消費的研究並未取得一致結論，其原因在於房價上漲雖然使得居民為購買住房而不得不增加儲蓄，但也使家庭住房財富升值，由此可能產生住房財富效應而促進消費（顏色，朱國鐘，2013）。趙西亮等（2013）、杜莉等（2013）發現房價主要通過住房財富效應正向影響消費。由此可見，通過間接考察房價與消費之間的關係並不能很好地識別房價通過加重居民購房負擔而抑制消費的影響機制。

另一個不足是，上述研究僅從預防性儲蓄的角度考察了購房負擔對消費的抑制，忽視了高房價通過加重購房者的還貸負擔而抑制消費的影響渠道，前者考察的是房價對有購房動機但尚未購房家庭消費的影響，後者考察的是購房家庭的還貸負擔對消費的影響，這兩種機制均是「房奴效應」的體現（顏色，朱國鐘，2013）。遺憾的是，目前尚未有文獻針對「房奴效應」展開嚴謹的實證研究。本章通過考察有購房動機家庭與無購房動機家庭的消費差異來檢驗為購房而儲蓄並擠出消費的假說是否成立，通過考察家庭在還清住房貸款前後的消費差異來檢驗償還住房貸款抑制消費的假說是否成立，從而為「房奴效應」提供更加全面的證據支撐。

---

① 數據來源於國家統計局公布的居民部門資金流動統計。

4.2.2 負債對消費的影響

與本章主題密切相關的另一類文獻是關於負債如何影響消費的研究。對私人部門債務問題的研究最早可追溯到 Fisher（1933）提出的「債務-通貨緊縮」理論，該理論認為，過度負債可能導致經濟主體不得不為償還債務而壓縮當前消費，進而造成整個經濟需求疲軟，特別是遇到資產價格下跌或被動「去槓桿」等外部衝擊時，高債務成本與通貨緊縮相互作用，導致經濟陷入惡性循環而下滑。該理論很好地解釋了美國 1929 年的大蕭條。事實上，1990 年日本資產泡沫破裂是由於企業部門過度的信貸擴張導致（Koo，2008；Miller M，Stiglitz，2010），而 2008 年美國次級抵押貸款危機也源於居民部門債務的飆升（Eggertsson & Krugman，2012；Mian & Sufi，2009；Mian & Sufi，2012；Mian & Rao, et al.，2013），由此可見，過度負債可能是經濟危機爆發的前兆，從這方面講，本章的研究具有重要意義。

在實證研究方面，Dynan 等（2012）利用英國收入動態面板調查（PSID）數據考察了住房抵押貸款對非住房消費的影響，研究發現，在控制收入、淨財富等因素的影響下，住房抵押負債率（住房抵押負債/住房現值）越高或住房抵押貸款償債負擔（年償還額/年收入）越重，非住房消費增長的速度越慢，且住房抵押負債在房價更高的地方對非住房消費的抑制更嚴重。Ogawa 和 Wan（2007）利用日本 1989 年、1994 年、1999 年的家庭收入與支出調查數據考察了家庭債務對消費的影響，研究發現，在控制家庭資產的財富效應後，與土地和住房相關的負債顯著負向影響家庭消費。Scholnick（2013）利用來自銀行的微觀數據考察了消費者還清抵押貸款後的消費變化，研究發現，消費者的信用卡支出在償清抵押貸款後顯著增加。Stephens（2008）對消費者償清汽車貸款前後消費差異的分析也發現相似結論。Coulibaly 和 Li（2006）利用美國消費者支出調查（CES）數據分析了償清住房抵押貸款這一自然事件對消費的影響，研究發現，非耐用品支出在家庭償清住房抵押貸款後並未顯著增加，但耐用品支出在償清住房抵押貸款後有微弱增加。Johnson 和 Li（2007）考察了消費對收入的敏感性在不同負債水準家庭之間的差異，研究發現，消費對收入的敏感性在不同負債水準（以負債收入比衡量）家庭之間無顯著差異，但對於持有較低流動性資產的家庭而言，高負債家庭的消費收入彈性顯著高於低負債家庭，因此，高負債可能使得低流動性資產家庭受到更嚴重的流動性約束，從而抑制了他們的消費支出。Mian 和 Sufi（2012）考察了家庭負債對失業率的影響，他們認為經濟下行時過度負債對家庭消費的抑制是導致失業率迅速上升

的重要原因。基於美國2006—2009年郡縣層面的統計調查數據的實證研究發現，2006年郡縣層面的家庭債務收入比（Debt-to-income Ratio）每提高一個標準，2007—2009年的失業人數將上升約3個百分點。這些研究均發現負債對消費產生了一定抑製作用。

與國外的研究相比，國內對負債與消費之間關係的研究還非常缺乏，現有文獻都是基於宏觀數據的分析，且研究也未取得一致結論。許桂華（2013）通過對中國1998—2012年季度數據的分析發現，家庭債務和消費存在正向協整關係，而何南（2013）基於中國1997—2011年的季度數據的分析卻發現，家庭債務的上升不利於居民消費的增長，但影響並不顯著。楊攻研、劉洪鐘（2014）利用18個經濟發展與合作組織（OECD）國家1980—2009年的面板數據進行研究，發現家庭債務對經濟增長產生了顯著的抑製作用。此外，一些學者分析了家庭負債的成因（何麗芬，等，2012；吳衛星，等，2013；陳斌開、李濤，2011），但並未深入分析負債對家庭其他經濟活動的影響。

相較於已有文獻，本章的創新主要有這幾點：首先，本書從微觀的角度直接檢驗「房奴效應」的兩大表現，即為購房而儲蓄對消費的擠出和償還住房貸款對消費的抑制，克服了間接考察房價與消費之間關係所造成的對渠道識別不清的不足；其次，本書豐富了家庭債務問題的研究，揭示了高房價可能導致家庭過度負債，進而導致居民消費疲軟，由此可能加大債務危機爆發的風險；再次，從研究方法上講，本書採用微觀數據進行分析可避免採用宏觀加總數據進行分析所面臨的「偽迴歸」問題，同時，採用面板固定效應模型進行估計可避免不隨時間變化的家庭異質性造成的內生性問題，從而可以得到更加一致、可信的研究結論；最後，本書為中國居民長期消費不振提供了新的理解視角，當前政策的制定應著眼於提高居民購買住房的支付能力，讓人們擁有住房的同時降低成為「房奴」的可能性。

4.3 數據來源、變量與描述性統計

本章分析的數據來源於CHFS第一輪與第二輪成功追訪的6,846個家庭的兩年度面板數據①。在實際分析中，因一些變量數據缺失，有效樣本還會有差異。本章分析最核心的被解釋變量依然是家庭消費。我們仍然選取食品衣著、耐用品、住房裝修維修、教育文化娛樂這4類消費來檢驗「房奴效應」。

---

① 數據來源已在前文中說明，此處不再贅述。

本章分析的關鍵解釋變量是家庭是否有購房動機或是否償清住房貸款兩個啞變量。其中，是否有購房動機的衡量來源於 CHFS 2011 年調查問卷中的問題，即：「如果存在結餘，結餘的錢有哪些用途？」選項包括買房、購買金融資產、實業投資、為退休做準備、為孩子讀書、為孩子結婚、購買大件商品，及其他[①]，我們將選擇買房的家庭視為有購房動機的家庭，以 buy_m 表示該變量，buy_m=1 表示在 2011 年接受調查時有購房動機的家庭，參照組為沒有購房動機的家庭。在追訪成功的 6,846 個家庭中，1,441 個家庭在 2011 年接受調查時有購房動機，其中，17.7% 的家庭到 2013 年真正購買了住房，而在 2011 年接受調查時表示沒有購房動機的家庭中，僅有 6.3% 的比例在 2013 年新購了住房。由此可見，我們對購房動機的衡量是有效的。我們以 loan_payoff 表示家庭是否償清住房貸款，loan_payoff=1 表示在 2011 年有住房貸款的家庭，到 2013 年已還清住房貸款，參照組表示住房貸款仍未還清的家庭。

　　我們在迴歸分析中還採納了已有研究證實的影響家庭消費的有效變量。這些變量包括家庭年可支配收入（income）、總資產（asset）、非住房負債（nhousdebt）[②]、受訪者及配偶中有養老保障的人數（secur_num）、受訪者及配偶中有醫療保險的人數（yibao_num）、受訪者及配偶中的健康成員人數（health_num）[③]、家庭總人數（family_num）、失業人數與總人數比率（unem_ratio）、0~16 歲（含 16 歲）少年占比（child_ratio）、60 歲（含 60 歲）以上老年人數比例（old_ratio）、過去兩年是否有紅白喜事（hangbai）[④]。其中，家庭資產包括金融資產與非金融資產，金融資產包括銀行存款、股票、基金、債券、黃金、理財產品、借出款、保險帳戶餘額[⑤]、現金，非金融資產包括住房資產、工商業資產、土地、農業機械及農產品、耐用品[⑥]。非住房負債包括工商業負債、農業負債、汽車負債、信用卡負債、教育負債及其他（主要由結婚、生病產生）。我們根據國家統計局公佈的消費者價格指數（CPI），將資產、負債、收入的名義值換算為實際值（以 2010 年為基期），為避免極端值的干擾，我們對資產、負債、收入均做對數化處理，因存在取值為 0 的情況，採

---

① 問題編號為 H3003，選項可以多選。
② 由於住房負債規模與是否償清住房貸款啞變量存在多重共線性，因此，我們在負債中排除了住房負債。事實上，控制負債總額可得到相似結論。若需要，可向作者索取。
③ CHFS 僅詢問了受訪者及其配偶的養老保障、醫療保險、身體健康狀況。
④ 絕大多數控制變量的描述統計情況已在上一小章的分析中呈現，本章不再單獨描述控制變量。
⑤ 保險帳戶餘額由養老保險、失業保險、醫療保險、住房公積金與企業年金帳戶餘額構成。
⑥ 非金融資產的價值是受訪者對自有資產的估值。

取的方法是先加 1 再取對數。

表 4-1 報告了四類家庭從 2010 年到 2012 年的消費增長率，即有購房動機家庭、無購房動機家庭、還清住房貸款家庭、未還清住房貸款家庭。可以發現，沒有購房動機家庭的總消費增加了 5.5%，而有購房動機家庭的總消費減少了 2.3%。[1] 從各分類支出來看，有購房動機家庭的食品衣著消費增長率為 19.0%，比無購房動機家庭低 6.2 個百分點；有購房動機家庭的教育娛樂支出增長率為 10.8%，比無購房動機家庭低 16.8 個百分點。值得注意的是，有購房動機家庭的耐用品消費、住房裝修維修支出增長率均高於無購房動機家庭，這主要是由於有購房動機家庭在調查間隔的兩年間，新購住房的比例高於無購房動機的家庭。從還清住房貸款前後的消費差異來看，在追訪成功的樣本中，671 個家庭在 2011 年接受訪問時仍有住房貸款未還清，其中，368 個家庭到 2013 年還清了住房貸款。可以看出，還清住房貸款家庭的總消費增加了 9.2%，而未還清住房貸款家庭的總消費甚至減少了 5.7%，從各分類支出來看，還清住房貸款家庭的耐用品消費、住房裝修維修支出增長率均遠大於未還清住房貸款的家庭。

表 4-1 「房奴」與非「房奴」家庭消費增長率變化（2010—2012 年）

	無購房動機	有購房動機	未還清住房貸款	還清住房貸款
總消費增長率	5.5%	-2.3%	-5.7%	9.2%
耐用品消費增長率	24.9%	60.2%	-25.7%	9.5%
住房裝修維修支出增長率	32.0%	81.4%	-26.2%	138.8%
食品衣著支出增長率	25.2%	19.0%	18.1%	17.9%
教育娛樂支出增長率	27.6%	10.8%	20.3%	32.2%
樣本量（個）	5,405	1,441	303	368

註：數據由作者根據 CHFS 2011 年與 2013 年的調查數據整理而得。

4.4 研究方法與計量模型設定

4.4.1 「為購房而儲蓄」擠出消費的檢驗

對於「為購房而儲蓄」是否擠出消費的檢驗需要克服兩方面問題導致的

---

[1] 導致有購房動機家庭總消費實際增長率為負的主要原因是，有購房動機家庭的汽車消費支出減少了 50.1%，而無購房動機家庭的汽車消費支出僅減少了 43.2%。

内生性。一是非觀測異質性導致的內生性問題。一些不可觀測的家庭特徵可能同時影響家庭消費與購房動機，比如風險偏好、預期房價等，遺漏這些變量可能導致估計結果產生偏誤。採用雙重差分（DID）模型或面板固定效應（Fixed Effect）模型可以較好地解決這類問題。事實上，在兩期數據下，DID模型與同時控制時間固定效應的固定效應模型是等價的（Wooldridge, 2002）。因此，針對這類問題，本章主要採用固定效應模型進行分析。基本的計量模型如下：

$$Ln(consump)_{it} = \beta_0 + \beta_1 buy\_m_{it} + \Gamma'X_{it} + \alpha year_{2013} + c_i + u_{it} \quad (4.1)$$

i 是個體維度，t 是時間維度，$t=2011$、2013（本書僅有兩期數據）。buy_m 是表示家庭是否有購房動機的二元變量，僅當 $t=2013$，且家庭在2011年接受調查時表示在未來有購房動機時取值1，否則取值為 0[①]。β_1 是我們感興趣的參數，表示有購房動機家庭與無購房動機家庭消費之間的差異。X_{it} 表示控制變量向量。此外，我們還控制了時間固定效應 $year_{2013}$（基期為2011年）、個體固定效應 c_i，u_{it} 是誤差項。個體非觀測異質性 c_i 既可能直接影響消費，也可能影響購房動機，比如風險偏好、房價預期等。因此，我們採用固定效應（Fixed Effect）模型進行估計，固定效應模型可以解決不隨時間變化的非觀測異質性所造成的內生性問題。在兩期數據中，固定效應模型與一階差分（First Difference）模型是等價的（Wooldridge, 2002），即與以下模型的普通最小二乘估計（OLS）是等價的，具體如下：

$$\Delta Ln(consump)_{it} = \beta_1 buy\_m_i + \Gamma'\Delta X_{it} + \alpha \Delta year_{2013} + \Delta u_{it} \quad (4.2)$$

buy_m 是表示家庭是否有購房動機的二元變量，當家庭在2011年接受調查時表示在未來有購房動機時取值1，否則取值為0。時間固定效應的差分項（$\Delta year_{2013}$）退化為常數項。因此，β_1 實質上反應的是購房動機對家庭消費增長率的影響。

二是逆向選擇問題。是否具有購房動機是家庭自願選擇的結果，所以，一

[①] 這裡，假定家庭在2011年回答的消費情況未受到當年購房動機的影響，實質上，CHFS在調查時詢問的是受訪者家庭在過去一年的消費情況。比如，2011年調查時詢問的是受訪者2010年度的消費支出情況，2013年調查時詢問的是受訪者2012年的消費支出情況。也就是說，詢問購房動機的時間點發生在兩次消費變動之間。家庭2010年的消費是否受到2011年購房動機的影響很難判斷，我們對此做一個簡單的檢驗，類似於DID的趨勢檢驗（Pretrend Test）。我們預計，若2010年的消費受到2011年購房動機的影響，那麼，這些家庭的儲蓄率應低於沒有購房動機的家庭，按照趙西亮等（2013）計算儲蓄率的方法，即儲蓄率＝（家庭可支配收入−家庭消費性支出＋耐用消費品支出＋醫療保健支出）／家庭可支配收入，我們發現，有購房動機和沒有購房動機的家庭在2010年的儲蓄率分別為25.4%、25.5%，二者在10%的統計水準上無顯著差異，這在一定程度上表明，2010年的消費情況未受到2011年購房動機的影響。

種可能是高收入家庭具有更強的購房動機，而高收入家庭的消費增長率，尤其是非耐用品消費增長率低於低收入家庭，由此可能導致本章的估計結果受樣本本身的偏差影響，針對此類問題，我們採用傾向匹配基礎上的固定效應模型（PSMFE）加以克服。PSMFE 的基本思想是通過尋找與實驗組（有購房動機的家庭）特徵相近但沒有購房動機的家庭作為控制組，再運用固定效應模型對配對成功的實驗組與控制組進行分析。該方法的優勢是既可以在一定程度上緩解樣本的自選擇問題，還能消除不隨時間變化的非觀測異質性和時間趨勢的影響。具體步驟如下：

首先，我們估計傾向分值函數（Propensity Score Function）P（$buy\_m = 1 | X_{it-1}$），即通過家庭在 $t-1$ 期的經濟、人口統計信息預測家庭在未來具有購房動機的概率。其次，根據每個家庭的傾向分值為有購房動機家庭尋找最佳匹配對象。我們採用常見的多個最近鄰居匹配法（Nearest-neighbour Matching）①，即選取與有購房動機家庭的傾向分值之差最小的無購房動機家庭與其相配對。配對成功後，需要對匹配的有效性進行檢驗，常見的檢驗方法是匹配平衡性檢驗。最後，在檢驗通過的基礎上，我們採用固定效應模型僅對匹配成功的樣本進行分析，由此可得到更加一致的估計結果。本章採用的方法與在傾向匹配基礎上的雙重差分模型（PSMDID）的思路相同，PSMDID 模型已被許多學者應用於經濟學相關問題的研究（馬雙，2010）。

4.4.2 償還住房貸款抑制消費的檢驗

在對償還住房貸款是否抑制消費的檢驗上，一種簡單的方法是直接比較有住房貸款家庭與無住房貸款家庭的消費差異，但該方法無法避免遺漏變量導致的內生性問題，而雙重差分模型或固定效應模型可以有效緩解這類問題，因此，檢驗家庭償還住房貸款是否抑制消費的基本模型與式（4.1）相似，僅將其中感興趣的變量替換為是否償清住房貸款二元變量（$loan\_payoff$），同樣地，僅當 $t=2$ 且家庭已還清住房貸款時取值為 1，否則取值為 0。學者們大都認為償還類似於住房貸款的長期消費信貸通常按照事前擬定的償還合同按期償還，即一旦辦理貸款合同，還清貸款的時間節點對於還貸者而言是外生的（Coulibaly & Li, 2006; Stephens, 2008; Scholnick, 2013）。然而，現實中可能存在家庭為了消費而提前償還貸款的可能，由此將導致關於償還貸款對消費的

---

① 本章中，多個最近鄰居法中的 k 值等於 10。

抑制的估計產生偏誤①。針對這類自選擇問題，我們通過排除提前償還住房貸款樣本的方法予以克服，設定的模型如下：

$$Ln(consump)_{it} = \beta_0 + \beta_1 loan\_payoff_{it} + \beta_2 loan\_payoff_{it} * prepay \\ + \Gamma' X_{it} + \alpha year_{2013} + c_i + u_{it} \quad (4.3)$$

其中，prepay 是表示家庭是否改變還款計劃的二元變量②，prepay = 1 表示改變過還款計劃。這樣便可排除還款計劃改變造成的估計偏差。

4.5 迴歸結果分析

4.5.1 「為購房而儲蓄」擠出消費的檢驗

表4-2報告了檢驗「為購房而儲蓄」是否擠出消費的固定效應模型的估計結果。模型（1）至（5）分別對應的是購房動機對消費總額、耐用品、住房裝修維修、食品衣著、教育娛樂支出的影響。可以發現，購房動機使得家庭總消費減少了10.3%，在1%的統計水準上顯著。從各分類支出來看，購房動機對家庭的食品衣著、教育娛樂支出的影響顯著，而對耐用品、住房裝修維修支出的影響不顯著。具體來看，購房動機使得家庭食品衣著消費減少了9.5%，使家庭教育娛樂支出減少了31.4%，二者均在1%的統計水準上顯著。由此可見，「為購房而儲蓄」對消費的擠出效應顯著存在，且以食品衣著、教育娛樂支出的擠出為主。食品衣著是人們最基本的生活需求，為了購房而節衣縮食必然導致居民生活水準下降，而教育娛樂是對人力資本的投入，教育娛樂支出的減少不利於國民素質的提高。

表4-2中其餘解釋變量的估計結果均與以往研究一致。比如，養老保障、醫療保險的參與可顯著提高家庭的食品衣著消費。受訪者及配偶中健康成員人數越多，家庭總消費、住房裝修維修支出越低，這主要是由於家庭成員越健康，醫療支出越少，且健康家庭成員通常可以自我維修住房。家庭資產、收入、非住房債務對消費有顯著促進作用，而失業顯著負向影響消費。

---

① 提前償還住房貸款可能導致被抑制的消費提前釋放，這將導致估計結果向下偏誤，但若提前償還行為均發生在調查年份，這將導致估計結果產生向上偏誤。

② CHFS詳細詢問了家庭償還住房貸款是否改變過還款計劃，問題編號為C2050。

表 4-2　　　　　　　　　購房動機擠出消費的檢驗

	(1) Ln(consump)	(2) Ln(durable)	(3) Ln(decoration)	(4) Ln(foodcloth)	(5) Ln(edu_spend)
buy_m	-0.103***	0.194	0.054	-0.095***	-0.314***
	(0.026)	(0.140)	(0.123)	(0.026)	(0.122)
$secur\_num$	0.020	-0.025	0.047	0.038***	-0.090
	(0.012)	(0.056)	(0.053)	(0.013)	(0.055)
$yibao\_num$	0.085***	0.004	0.022	0.077***	0.115*
	(0.016)	(0.067)	(0.065)	(0.017)	(0.069)
$health\_num$	-0.026**	-0.011	-0.093*	0.013	0.068
	(0.012)	(0.061)	(0.055)	(0.012)	(0.057)
$Ln(asset)$	0.098***	0.218***	0.176***	0.071***	0.251***
	(0.010)	(0.036)	(0.034)	(0.010)	(0.038)
$Ln(income)$	0.069***	0.081***	0.014	0.142***	0.051**
	(0.006)	(0.021)	(0.020)	(0.006)	(0.022)
$Ln(nhousdebt)$	0.013***	0.013	0.008	0.005*	0.033***
	(0.003)	(0.012)	(0.011)	(0.003)	(0.011)
$unem\_ratio$	-0.151*	-0.214	0.409	-0.199**	-0.370
	(0.078)	(0.335)	(0.304)	(0.090)	(0.381)
$family\_num$	0.074***	0.042	-0.008	0.063***	0.296***
	(0.009)	(0.040)	(0.035)	(0.010)	(0.043)
$child\_ratio$	-0.045	-0.443	0.394	0.086	1.420***
	(0.088)	(0.432)	(0.384)	(0.093)	(0.414)
old_ratio	-0.320***	-0.094	-0.087	-0.300***	-1.101***
	(0.054)	(0.212)	(0.194)	(0.054)	(0.244)
$hongbai$	0.106***	0.471***	0.626***	0.049*	0.039
	(0.027)	(0.142)	(0.130)	(0.027)	(0.125)
$year_{2013}$	0.135***	0.329***	-0.091	0.217***	-0.005
	(0.014)	(0.070)	(0.063)	(0.015)	(0.068)
$constant$	7.902***	-2.159***	-1.414***	6.568***	0.857*
	(0.124)	(0.474)	(0.440)	(0.133)	(0.511)
N	13,493	13,493	13,493	13,493	13,493
R^2	0.166	0.022	0.010	0.263	0.048

註：括號裡是異方差穩健標準誤。所有結果均採用固定效應模型估計。上標「***」「**」「*」分別表示在1%、5%和10%的統計水準上顯著。

儘管我們發現「為購房而儲蓄」的動機顯著產生了消費，然而，倘若這一「擠出效應」主要由投資性購房需求所致，那麼，家庭計劃投資房產而對消費的替代則是家庭理性配置家庭資產的過程，這一決策過程會隨著外部環境的變化而變化，即上述發現體現的是住房商品與其他商品之間短暫的替代關係，因此不能稱之為「房奴效應」。有兩方面的證據顯示上述估計結果並非由投資性購房需求所致。首先，由於投資住房是一筆較大的支出，其最有可能與耐用品成為替代品，而上述估計結果顯示，購房動機對消費的擠出主要體現在食品衣著和教育娛樂支出上，家庭通過節衣縮食、減少教育投入來投資住房的可能性小；其次，我們通過家庭住房的三個特徵來度量家庭的購房動機，即租房與否（$rent=1$）、是否有房（$has\_hous=1$）、房齡（$hous\_age$）。通常來講，租房、無房或房屋較老的家庭更有可能具有剛性購房動機，這些家庭可能不得不為購房而儲蓄，因此，若投資性購房動機是導致上述估計結果的主要原因，則購房動機對上述四類家庭的影回應更大。表4-3的估計結果顯示，購房動機對消費的影響在是否租房、是否有房、房齡三個特徵上無顯著異質性差異，一個可能的解釋是有房或房齡較大的家庭具有改善性購房動機，這些家庭傾向於購買面積更大、質量更好的住房，從而導致其對消費的擠出更大或與剛性住房需求家庭相當。總之，我們並沒有發現本小節的研究結論是由投資性購房需求所致。

表4-3　　　　　　　　　**不同購房動機的異質性影響**

	(1) Ln(consump)	(2) Ln(consump)	(3) Ln(consump)
buy_m	-0.106*** (0.028)	-0.071 (0.064)	-0.154*** (0.047)
buy_m * rent	0.016 (0.058)		
buy_m * has_hous		-0.037 (0.067)	
buy_m * hous_age			0.003 (0.003)
控制變量	YES	YES	YES
時間固定效應	YES	YES	YES
constant	7.905*** (0.125)	7.908*** (0.125)	7.929*** (0.140)

表4-3(續)

	（1） Ln（consump）	（2） Ln（consump）	（3） Ln（consump）
N	13,493	13,493	12,247
R^2	0.166	0.166	0.154

註：括號裡是異方差穩健標準誤。所有結果均採用固定效應模型估計。上標「***」「**」「*」分別表示在1%、5%和10%的統計水準上顯著。為節約篇幅，此處未匯報控制變量的估計結果。「YES」表示該類變量已被控制。

接下來，我們進一步分析「為購房而儲蓄」的動機對消費的影響機制。首先，居民儲蓄來源於收入，儲蓄動機增強必然減少收入中用於消費的份額（平均消費傾向）或將增加的收入更多地用於儲蓄（邊際消費傾向）。其次，當前為購房而儲蓄的力度取決於居民對未來房價的預期，預期房價上漲越快，未來購房成本越高，當前儲蓄力度將增強。因此，「為購房而儲蓄」的動機通過降低邊際消費傾向而擠出消費，預期房價增速將調整「為購房而儲蓄」的動機擠出消費的力度。

為檢驗上述影響機制，我們首先在基本模型中加入購房動機與家庭可支配收入對數的交乘項。其次，我們假設家庭對房價的預期符合適應性預期假設，① 即家庭根據房價過去的上漲速度預測未來房價。我們搜集了全國各州、市（地級市）從2005年至2012年的房價信息（數據來源於《中國城市統計年鑒》），按照連續複利的方式計算房價2005—2012年的平均年增長率②，以ave_growthrate表示計算出此變量。經測算，2005—2012年，房價平均年增長率均值為13.6%，最大值為24.7%，最小值為8.2%。我們通過在基本模型中加入購房動機與房價平均年增長率的交乘項來考察預期房價增速對購房動機抑制消費的影響。最後，我們考察預期房價增速對有購房動機家庭邊際消費傾向的影響。估計結果匯報於表4-4。

表4-4模型（1）的估計結果顯示，有購房動機家庭的消費收入彈性為－0.002（0.074－0.076＝－0.002），比無購房動機家庭低0.076，在1%的統計水準上顯著，這表明，有購房動機的家庭幾乎不會將增加的收入用於消費。模

---

① 況偉大（2010）的研究表明，相較於理性預期而言，適應性預期更符合中國房價的波動與走勢。

② 計算公式為：hprice2005 * (1+ave_growthrate)^7＝hprice2012，其中hprice2005表示2005年的房價，hprice2012表示2012年的房價，房價均為當年值。通過此公式可計算出房價平均年增長率ave_growthrate。

型（2）的估計結果顯示，其他因素不變，預期房價增長率每提高1個百分點，打算購房家庭的消費將降低1.45個百分點，在5%的統計水準上顯著，即預期未來購房成本更高的地區，打算購房家庭的消費更低。模型（3）的估計結果顯示，有購房動機家庭的邊際消費傾向隨著預期房價增速的上升而下降，預期房價增速每提高10%，有購房動機家庭的消費收入彈性將降低約0.013，在10%的統計水準上顯著。由此可見，「為購房而儲蓄」的動機通過降低邊際消費傾向而擠出了消費，且預期房價增速越高，為購房而儲蓄的動機對消費的擠出越嚴重。

表 4-4　　　　　　　　　購房動機擠出消費的影響機制

	（1） $Ln(consump)$	（2） $Ln(consump)$	（3） $Ln(consump)$
$Ln(income)$	0.074*** （0.006）	0.069*** （0.006）	0.075*** （0.006）
$buy\_m * Ln(income)$	-0.076*** （0.012）		-0.058*** （0.015）
$buy\_m * ave\_growthrate$		-1.447** （0.721）	
$buy\_m * Ln(income) * ave\_growthrate$			-0.128* （0.067）
buy_m	0.701*** （0.127）	0.098 （0.101）	0.700*** （0.127）
控制變量	YES	YES	YES
時間固定效應	YES	YES	YES
constant	7.833*** （0.125）	7.902*** （0.124）	7.832*** （0.125）
N	13,493	13,493	13,493
R^2	0.17	0.167	0.171

註：括號裡是異方差穩健標準誤。所有結果均採用固定效應模型估計。上標「***」「**」「*」分別表示在1%、5%和10%的統計水準上顯著。為節約篇幅，此處未匯報控制變量的估計結果。「YES」表示該類變量已被控制。

4.5.2　償還住房貸款抑制消費的檢驗

接下來，我們考察「房奴效應」的另一個表現，即償還住房貸款是否抑制了家庭消費。這裡，實驗組為2011年有住房貸款但到2013年已還清的家

庭，控制組為住房貸款仍未還清的家庭。因此，進入迴歸分析的有效樣本僅包括2011年有住房貸款的家庭，剔除一些變量存在缺失值的樣本，實際迴歸分析的有效樣本為664個家庭的兩年度平衡面板。表4-5報告了基本模型的估計結果。

表4-5中模型（1）的估計結果顯示，家庭償還住房貸款後，總消費增加了13.8%，在5%的統計水準上顯著。反過來講，償還住房貸款抑制了家庭13.8%的消費需求。從各分類支出來看，家庭償還住房貸款後的耐用品、住房裝修、維修支出顯著增加，而食品衣著、教育娛樂支出的增加並不顯著。具體來講，償還住房貸款抑制了家庭81%的耐用品消費和57.3%的住房裝修、維修支出。我們的發現與Eggertsson和Krugman（2012）的理論研究結論一致，即當家庭過度負債而不得不被動「去槓桿」時，其耐用品消費將首先被抑制。在現實中，我們也發現，許多家庭為籌集購房首付款幾乎傾盡了幾代人的所有積蓄，雖然他們的住房需求得以滿足，然而，積蓄的急遽下降和購房後的還貸壓力極大地限制了他們購買耐用品或裝修住房的支付能力。

表 4-5　　　　　　　　　償還房貸抑制消費的檢驗

	（1） $Ln(consump)$	（2） $Ln(durable)$	（3） $Ln(decoration)$	（4） $Ln(foodcloth)$	（5） $Ln(edu\_spend)$
$loan\_payoff$	0.138**	0.810**	0.573*	0.018	0.091
	(0.061)	(0.384)	(0.346)	(0.064)	(0.270)
$secur\_num$	0.053	0.146	-0.258	0.127***	-0.233
	(0.040)	(0.212)	(0.181)	(0.044)	(0.160)
$yibao\_num$	0.059	0.243	0.217	-0.014	0.641***
	(0.046)	(0.257)	(0.230)	(0.051)	(0.202)
$health\_num$	0.037	-0.291	-0.146	0.041	0.078
	(0.039)	(0.231)	(0.207)	(0.035)	(0.149)
$Ln(asset)$	0.069**	0.160	0.133	0.064*	0.365**
	(0.033)	(0.159)	(0.123)	(0.034)	(0.148)
$Ln(income)$	0.061***	0.134*	0.076	0.127***	0.006
	(0.015)	(0.074)	(0.080)	(0.018)	(0.084)
$Ln(nhousdebt)$	0.008	-0.006	-0.005	0.006	0.019
	(0.006)	(0.039)	(0.033)	(0.007)	(0.029)
$unem\_ratio$	-0.168	-1.009	0.678	-0.323	0.213
	(0.224)	(1.402)	(1.261)	(0.301)	(1.310)
$family\_num$	0.091***	-0.122	-0.086	0.056*	0.217
	(0.025)	(0.128)	(0.113)	(0.030)	(0.136)

表4-5（續）

	(1) Ln(consump)	(2) Ln(durable)	(3) Ln(decoration)	(4) Ln(foodcloth)	(5) Ln(edu_spend)
child_ratio	−0.370	0.306	−1.686	0.056	0.553
	(0.248)	(1.445)	(1.222)	(0.227)	(1.047)
old_ratio	−0.584***	−0.603	−0.930	−0.273	−1.996**
	(0.195)	(0.996)	(0.930)	(0.190)	(0.921)
hongbai	0.128*	0.161	0.674*	0.078	0.055
	(0.071)	(0.430)	(0.380)	(0.081)	(0.335)
$year_{2013}$	−0.050	−0.120	−0.679**	0.137***	0.025
	(0.047)	(0.301)	(0.294)	(0.046)	(0.234)
constant	8.784***	−0.548	0.057	7.082***	0.691
	(0.445)	(2.310)	(1.830)	(0.472)	(2.040)
N	1,328	1,328	1,328	1,328	1,328
R^2	0.152	0.026	0.033	0.269	0.061

註：括號裡是異方差穩健標準誤。所有結果均採用固定效應模型估計。上標「***」「**」「*」分別表示在1%、5%和10%的統計水準上顯著。

本小節的研究結果也與Stephens（2008）、Scholnick（2013）的實證發現一致。他們的研究發現，家庭在償清住房或汽車抵押貸款後的消費顯著增加，即償還類似於住房貸款的長期消費信貸使家庭遭受了流動性約束。那麼，我們有理由相信還貸負擔更重的家庭，其消費受抑制的程度更高，即這些家庭還清住房貸款後的消費增長率更大。為檢驗上述猜想，我們在基本模型中加入了還清住房貸款啞變量與還貸負擔的交叉項，其中，還貸負擔以房收入比來衡量，該變量等於2011年的住房貸款欠款餘額與家庭可支配總收入的比率，記此變量為loan_burden，為減小極端值的干擾，我們對該變量進行了對數化處理。顯然，房貸收入比越高，家庭償還住房貸款的負擔越重。

表4-6匯報了加入還清住房貸款啞變量與還貸負擔的交叉項後的估計結果。模型（1）的估計結果顯示，其他因素不變，房貸收入比每提高10個百分點，家庭償清住房貸款後的總消費將增加0.5個百分點，在1%的統計水準上顯著。從各分類支出來看，房貸收入比更高的家庭，其食品衣著消費受抑制的程度更嚴重，房貸收入比每提高10個百分點，家庭償清住房貸款後的食品衣著消費將增加0.8個百分點，在1%的統計水準上顯著。表4-5模型（4）的結果顯示，整體而言，家庭還清住房貸款後，其食品衣著消費僅有不顯著的增加。表4-6模型（4）的結果顯示，償還住房貸款是否抑制食品衣著消費與家

庭的還款負擔有關，高房貸收入比的家庭，其食品衣著消費也受到嚴重的抑制。

貸款收入比通常用來衡量個體受到的流動性約束程度（Johnson & Li, 2010；Purnanandam, 2011；Muellbauer & Murphy, 1997；Mian & Sufi, 2012；Mian & Raoetal., 2013）。一方面，貸款收入比越高意味著家庭「去槓桿」的壓力越大。另一方面，金融機構常用貸款收入比來衡量借款者的償債能力，貸款收入比越高意味著家庭的償債能力越弱，進一步獲得借款的可能性越低，由此導致家庭受到信貸約束，這將加劇家庭當前受到的流動性約束。此外，房貸收入比越高還意味著住房可用於再低押（Second Mortgage）的價值越小，這將影響家庭的融資規模。因此，本小節的研究表明，償還住房貸款通過加強家庭受到的流動性約束程度而抑制了消費。

表 4-6　　　　　　　　償還房貸抑制消費的影響機制

	(1) $Ln(consump)$	(2) $Ln(durable)$	(3) $Ln(decoration)$	(4) $Ln(foodcloth)$	(5) $Ln(edu\_spend)$
$loan\_payoff$	0.634***	0.181	−0.619	0.799***	0.255
	(0.202)	(1.126)	(1.113)	(0.240)	(1.087)
$loan\_payoff *$ $Ln(loan\_burden)$	0.052***	−0.066	−0.125	0.082***	0.017
	(0.020)	(0.114)	(0.110)	(0.024)	(0.108)
控制變量	YES	YES	YES	YES	YES
時間固定效應	YES	YES	YES	YES	YES
$constant$	8.822***	−1.577	−0.947	7.341***	0.656
	(0.455)	(2.353)	(1.844)	(0.479)	(2.034)
N	1,326	1,326	1,326	1,326	1,326
R^2	0.16	0.027	0.035	0.285	0.061

註：因存在一些家庭有住房貸款，但並未回答欠款額度的樣本，樣本數與表 4-5 相比有所減少。所有結果均採用固定效應模型估計。上標「***」「**」「*」分別表示在1%、5%和10%的統計水準上顯著。為節約篇幅，此處未匯報控制變量的估計結果。「YES」表示該類變量已被控制。

4.6　穩健性檢驗

4.6.1　「為購房而儲蓄」擠出消費的穩健性檢驗

通過前文的分析發現，在有購房動機的家庭中，實際購房的比例達

17.7%。由於購買住房是一筆很大的支出，因此，如不排除實際購房對消費的短期衝擊，將可能高估購房動機對消費的擠出效應。我們通過加入購房動機啞變量與實際購房與否啞變量的交叉項來排除實際購房對消費的影響，我們以 buy_hous 表示家庭從 2011 年到 2013 年是否新購住房，buy_hous = 1 表示有新購住房，否則表示沒有新購住房。

上述估計結果還可能受自選擇（Self-selection）的干擾。比如，一種可能是高收入家庭具有更強的購房動機，而高收入家庭的消費增長率，尤其是非耐用品消費增長率低於低收入家庭，由此可能導致購房動機抑制消費的估計結果受樣本本身的偏差影響。傾向匹配法（pRopensity Score Matching）可有效地處理這類問題，在此方法基礎上，再運用雙重差分（DID）模型或固定效應（Fixed Effect）模型可進一步克服非觀測異質性或時間趨勢的影響。本小節我們採用在傾向匹配基礎上的固定效應模型（PSMFE）對購房動機抑制消費的假設進行穩健性檢驗。

依據傾向匹配法的分析步驟，我們估計傾向分值函數，我們選取的匹配向量 X_{it-1} 包括以下變量：①前文使用的所有控制變量①；②家庭特徵變量，包括受訪者及配偶兄弟姐妹數②、戶主受教育程度③、戶主年齡、戶主年齡平方項、是否有家庭成員為公務員（有公務員 = 1）、是否有未婚男性（有未婚男性 = 1）、是否有未婚女性（有未婚女性 = 1）；③可能直接影響家庭是否具有購房動機的變量，包括家庭是否租房（租房 = 1）、預期房價增長率、受訪者風險偏好啞變量（偏好風險 = 1）；④地區固定效應變量，包括城鄉固定效應、省份（直轄市）固定效應、家庭居住地距離市（縣）中心路程距離對數。

我們採用 probit 模型估計傾向分值函數 $P(buy\_m = 1 | Xit-1)$，從而可以得到家庭未來是否具有購房動機的概率預測值，即傾向得分。據此預測值，我們採用多個最近鄰居匹配法（K Nearest-neighbour Matching）進行匹配（k 取值為 10）。需要注意的是，傾向得分過高或過低的樣本無法找到合適的匹配對象，因此，部分樣本在匹配過程中被捨棄（捨棄的樣本數為 1,441 - 1,416 = 25），最終匹配成功的樣本量為 5,451。因一些變量存在缺失值，實際迴歸分析中的樣本還會有差異。

---

① 我們還控制了家庭總消費對數的平方項。
② 兄弟姐妹數量可反應家庭的非正規金融融資渠道，兄弟姐妹數量越多，能夠獲得民間借貸的可能性越高，購房可能性越高。
③ 戶主受教育程度為不同學歷的啞變量，包括文盲、小學、初中、高中、中專/職高、大專/高職、大學本科、碩士研究生、博士研究生。

為節約篇幅，本小節沒有匯報匹配向量 X_{it-1} 的描述統計及傾向分值函數的估計結果（若需要，可向作者索取）。表 4-7 匯報了主要匹配變量的平衡性檢驗結果。可以看出，匹配後的處理組與對照組在匹配變量上均不存在顯著差異。同時，匹配後的標準偏差絕對值均在 3% 以下，根據 Rosenbaum 和 Rubin (1985) 的經驗，若匹配後的標準偏差絕對值小於 20%，則認為匹配效果較好。總體來看，匹配效果較理想。

表 4-7　　　　　　　　　　傾向匹配平衡性檢驗

變量名稱	均值 處理組	均值 對照組	標準偏差（%）	標準偏差減少幅度（%）	t 檢驗伴隨概率
租房=1	0.15	0.16	-1.0	96.5	0.83
有未婚男性=1	0.32	0.32	0.6	91.2	0.89
有未婚女性=1	0.21	0.22	-1.3	60.9	0.73
家庭成員人數	3.65	3.65	-0.2	97.0	0.95
兄弟姐妹數量	5.51	5.51	0.1	99.6	0.99
16 歲以下少年占比	0.16	0.16	0.3	98.7	0.95
60 歲以上老年人占比	0.10	0.11	-0.3	99.5	0.92
已婚成員比例	0.65	0.65	0.5	91.2	0.88
失業成員比例	0.04	0.04	-1.1	-148.1	0.76
有養老保障人數	0.93	0.91	2.1	86.7	0.59
有醫療保險人數	1.37	1.37	0.1	87.5	0.99
偏好風險=1	0.18	0.19	-1.1	94.9	0.80
健康成員人數	0.76	0.76	-0.3	98.2	0.94
戶主年齡	45.69	45.71	-0.2	99.6	0.95
公務員家庭=1	0.14	0.15	-1.4	93.9	0.74
Ln（年可支配收入）	10.15	10.16	-0.3	98.9	0.94
Ln（金融資產）	9.05	9.03	0.8	97.3	0.83
Ln（非金融資產）	12.03	12.04	-0.3	97.4	0.94
Ln（負債總額）	4.35	4.23	2.3	59.9	0.55
農村地區=1	0.31	0.31	0.4	98.3	0.90
預期房價增長率	0.14	0.14	-1.3	-86.3	0.72

註：該表沒有匯報戶主受教育程度、省份啞變量的平衡性檢驗結果。這些變量也通過了平衡性檢驗。

表 4-8 報告了成功匹配樣本的固定效應基準模型估計結果，如式 (4.1) 所示，為排除實際購房的干擾，模型中均控制了購房動機與實際購房與否的交叉項。模型 (1) 的估計結果顯示，購房動機使家庭總消費減少了 7.9%，在 1% 的統計水準上顯著，這一估計值小於表 4-2 模型 (1) 的估計結果 10.3%，由此可見，確實存在樣本選擇偏誤導致的估計值向上偏倚的問題。從各分類支出來看，購房動機對食品衣著消費的負向影響僅在 15% 的統計水準上顯著，對教育娛樂支出的影響仍在 5% 的統計水準上顯著。從購房動機與實際購房與否的交叉項的估計係數來看，實際購房家庭的耐用品、住房裝修維修支出顯著增加，衣著食品消費顯著降低，這也與現實情況相符。總體而言，排除實際購房的影響及採用匹配樣本進行分析並沒改變本章的基本結論。

表 4-8 傾向匹配基礎上的固定效應模型估計（購房動機擠出消費的檢驗）

	(1) $Ln(consump)$	(2) $Ln(durable)$	(3) $Ln(decoration)$	(4) $Ln(foodcloth)$	(5) $Ln(edu\_spend)$
buy_m	−0.079***	0.049	−0.224*	−0.045	−0.319**
	(0.028)	(0.153)	(0.126)	(0.028)	(0.136)
$buy\_m *$ buy_hous	0.054	0.686*	1.927***	−0.165***	−0.229
	(0.061)	(0.366)	(0.391)	(0.062)	(0.289)
控制變量	YES	YES	YES	YES	YES
時間固定效應	YES	YES	YES	YES	YES
$constant$	8.066***	−2.256***	−0.687	6.702***	0.692
	(0.137)	(0.564)	(0.482)	(0.148)	(0.595)
N	10,790	10,790	10,790	10,790	10,790
R^2	0.145	0.023	0.017	0.242	0.040

註：括號裡是異方差穩健標準誤。所有結果均採用固定效應模型估計。上標「***」「**」「*」分別表示在 1%、5% 和 10% 的統計水準上顯著。為節約篇幅，此處未匯報控制變量的估計結果。「YES」表示該類變量已被控制。

表 4-9 報告了利用匹配樣本檢驗購房動機如何影響消費的估計結果。模型 (1)、(2)、(3) 各變量的估計係數的大小與表 4-3 中相應變量的估計結果相近，且均至少在 10% 的統計水準上顯著。可見，排除樣本選擇偏誤及實際購房的影響後，購房動機影響消費的機制仍較穩健。

表 4-9 傾向匹配固定效應模型估計結果（購房動機影響消費的機制）

	(1) $Ln(consump)$	(2) $Ln(consump)$	(3) $Ln(consump)$
$Ln(income)$	0.068***	0.060***	0.068***
	(0.007)	(0.006)	(0.007)
$buy\_m * Ln(income)$	−0.076***		−0.060***
	(0.012)		(0.015)
$buy\_m * ave\_growthrate$		−1.338*	
		(0.715)	
$buy\_m * Ln(income) * ave\_growthrate$			−0.117*
			(0.066)
$buy\_m * buy\_hous$	0.090	0.050	0.087
	(0.061)	(0.061)	(0.061)
buy_m	0.717***	0.108	0.717***
	(0.129)	(0.102)	(0.129)
控制變量	YES	YES	YES
時間固定效應	YES	YES	YES
constant	7.986***	8.064***	7.984***
	(0.138)	(0.138)	(0.138)
N	10,790	10,790	10,790
R^2	0.150	0.145	0.150

註：括號裡是異方差穩健標準誤。所有結果均採用固定效應模型估計。上標「***」「**」「*」分別表示在1%、5%和10%的統計水準上顯著。為節約篇幅，此處未匯報控制變量的估計結果。「YES」表示該類變量已被控制。

4.6.2 償還住房貸款擠出消費的穩健性檢驗

在檢驗償還住房貸款是否擠出消費時需要排除提前還貸造成的估計結果偏誤。一方面，提前償還住房貸款可能導致被抑制的消費提前釋放（發生在調查年份之前），這將導致估計結果向下偏誤，但若提前償還行為均發生在調查年份，這將導致估計結果產生向上偏誤。對於這一問題，我們在基本模型中加入還清住房貸款與提前還貸的交乘項予以克服。表4-10報告了加入上述交乘項後的估計結果，可以發現，排除提前還貸的影響後，還清住房貸款使得家庭總消費增加了17.4%，在1%的統計水準上顯著。這一估計值大於前文的估計結果0.138，但差異並不顯著（p-value=0.632），這表明，提前還貸可能使得

被抑制的消費被提前釋放，由此導致估計結果下偏。從各分類支出來看，排除提前還貸的影響後，還清住房貸款仍顯著增加了家庭的耐用品消費，但對住房裝修維修支出僅有不顯著的促進作用。從交叉項的估計係數來看，在調查年份之前提前還清住房貸款的家庭的教育娛樂支出顯著低於正常還貸家庭，這表明，家庭提前還貸的目的主要是增加教育娛樂方面的支出。

表 4-10　償還房貸抑制消費的穩健性檢驗（排除提前償還）

	（1） Ln(consump)	（2） Ln(durable)	（3） Ln(decoration)	（4） Ln(foodcloth)	（5） Ln(edu_spend)
loan_payoff	0.174***	0.737*	0.479	0.001	0.321
	(0.066)	(0.410)	(0.378)	(0.069)	(0.300)
loan_payoff * prepay	−0.125	0.253	0.325	0.059	−0.794**
	(0.094)	(0.566)	(0.413)	(0.097)	(0.385)
控制變量	YES	YES	YES	YES	YES
時間固定效應	YES	YES	YES	YES	YES
constant	8.614***	−1.294	−0.433	7.079***	0.397
	(0.447)	(2.313)	(1.844)	(0.474)	(2.030)
N	1,328	1,328	1,328	1,328	1,328
R^2	0.155	0.027	0.034	0.269	0.066

註：括號裡是異方差穩健標準誤。所有結果均採用固定效應模型估計。上標「***」「**」「*」分別表示在1%、5%和10%的統計水準上顯著。為節約篇幅，此處未匯報控制變量的估計結果。「YES」表示該類變量已被控制。

表 4-11 匯報了排除提前還貸的影響後償還住房貸款如何影響消費的估計結果。模型（1）的估計結果顯示，排除提前還貸的影響後，房貸收入比越高的家庭在還清住房貸款後的消費增加得越多，顯著性水準為5%。從各分類支出來看，高房貸收入比家庭在還清住房貸款後的消費增加主要體現在食品衣著支出上。上述估計結果與排除提前還貸前的估計結果非常相似（如表4-6的估計），由此可見，排除提前還貸的影響後，本章的研究結論仍成立。

表 4-11 償還房貸抑制消費的影響機制的穩健性檢驗（排除提前償還）

	（1） Ln(consump)	（2） Ln(durable)	（3） Ln(decoration)	（4） Ln(foodcloth)	（5） Ln(edu_spend)
loan_payoff	0.625***	0.203	−0.593	0.813***	0.167
	(0.203)	(1.124)	(1.115)	(0.241)	(1.096)

表4-11(續)

	(1) $Ln(consump)$	(2) $Ln(durable)$	(3) $Ln(decoration)$	(4) $Ln(foodcloth)$	(5) $Ln(edu\_spend)$
$loan\_payoff*$ $Ln(loan\_burden)$	0.049** (0.020)	-0.057 (0.114)	-0.115 (0.113)	0.087*** (0.024)	-0.016 (0.112)
$loan\_payoff*$ $prepay$	-0.086 (0.095)	0.207 (0.568)	0.231 (0.429)	0.130 (0.097)	-0.807** (0.397)
控制變量	YES	YES	YES	YES	YES
時間固定效應	YES	YES	YES	YES	YES
constant	8.787*** (0.458)	-1.495 (2.340)	-0.855 (1.882)	7.392*** (0.474)	0.335 (2.015)
N	1,326	1,326	1,326	1,326	1,326
R^2	0.161	0.027	0.035	0.287	0.066

註：括號裡是異方差穩健標準誤。所有結果均採用固定效應模型估計。上標「***」「**」「*」分別表示在1%、5%和10%的統計水準上顯著。為節約篇幅，此處未匯報控制變量的估計結果。「YES」表示該類變量已被控制。

4.7 進一步的討論：「房奴效應」還是財富效應？

至此，我們已發現「為購房而儲蓄」的動機和償還住房貸款顯著抑制消費的證據。但對整個經濟社會而言，購買住房到底是促進還是抑制消費需要同時考慮「房奴效應」和財富效應，若「房奴效應」超過財富效應，則購買住房不利於擴大內需，反之則有利於促進消費。通過上一章的分析我們已發現住房財富效應顯著存在，住房財富每升值1%，家庭總消費將提高0.063%，在1%的統計水準上顯著。

那麼，平均對每個家庭而言，「房奴效應」與財富效應的淨效應究竟多大？我們對此做簡單的估算。首先是住房財富效應的測算。根據CHFS面板數據，2011—2013年，家庭房產價值增加了20.3%，家庭總消費從2011年的42,481.5元上升到2013年的43,867.3元。據此推算，住房財富效應促進的消費增長額為：42,481.5×20.3%×0.063 = 543（元）。其次，購房動機擠出的消費的測算。2011年，有購房動機家庭的比例為21.1%，據此推算，購房動機抑制的消費額為：42,481.5×21.1%×0.079 = 706（元）。最後，償還住房貸款抑制的消費的測算。2011年，有住房貸款的家庭占比為9.8%，據此推算，償還住房貸款抑制的消費額為：42,481.5×9.8%×0.138 = 575（元）。綜上所述，

平均對每個家庭而言，從 2011 年至 2013 年，「房奴效應」擠出的消費約比住房財富效應拉動的消費高出 738 元。因此，對整個經濟社會而言，為購房而儲蓄的動機與購買住房產生的「房奴效應」強於住房財富升值產生的財富效應，沉重的購房負擔不利於擴大內需。

4.8　結論與政策建議

基於中國家庭金融調查（CHFS）2011 年與 2013 年的微觀面板數據，本章檢驗了房價影響消費的另一個方面——「房奴效應」。研究發現，「房奴效應」顯著降低了家庭消費，具體而言，為購房而儲蓄的動機使家庭總消費降低了 10.3%，且主要擠出了家庭的食品衣著、教育娛樂支出，償還了住房貸款，抑制了 13.8% 的家庭消費，主要抑制了家庭的耐用品、住房裝修維修支出。進一步的影響機制分析我們發現，購房動機通過降低邊際消費傾向而擠出了消費，且預期房價增長速度越快，購房動機對消費的擠出效應越強，有購房動機的家庭的邊際消費傾向越低，而償還住房貸款使家庭遭受了嚴重的流動性約束，其表現為房貸收入比越高的家庭在還清住房貸款後的消費增加得越多。以貨幣量測算，平均對每個家庭而言，從 2010 年到 2012 年，「房奴效應」擠出的消費約比住房財富效應促進的消費高出 738 元。因此，對整個經濟社會而言，為購房而儲蓄的動機與購買住房產生的「房奴效應」已超過住房財富升值產生的財富效應，沉重的購房負擔成為促進消費、擴大內需的阻礙。

本章的研究具有重要的政策含義。首先，從長期來看，靠刺激房地產來拉動經濟增長不利於擴大內需。無論是降息還是降低首付比例都可能治標不治本，這些政策可能在短期拉動經濟增長，實現「保 7」的增長目標，但只要房價居高不下，購房門檻的降低只會讓更多的人成為「房奴」，且擺脫「房奴」身分的週期變得更長，由此將導致居民消費被長期抑制。政府應減少對房地產市場的干預，讓市場這只「無形的手」充分發揮其最優配置資源的功效，通過讓房價合理迴歸來提高居民購買住房的支付能力，從而避免大量「房奴」的產生，這是促進消費、擴大內需的有效途徑。其次，當前中國經濟發展進入新常態，經濟增速放緩成為必然，此時，鼓勵買房會使家庭債務規模進一步擴大，增加「債務-通貨緊縮」危機爆發的風險，同時，家庭過高地將資產配置於房產也不利於家庭抵抗經濟波動帶來的風險。從這方面講，政府應引導居民合理配置資產，比如通過完善金融市場來提供多元的投資渠道、鼓勵創業等，以減少居民通過高「槓桿」的方式過度配置房產的行為。

5 住房對家庭創業的影響

「大眾創業，萬眾創新」是經濟發展持久不衰的動力，家庭的創業行為是創業浪潮的主力軍，本章將探討如何讓住房這一家庭重要的財富在家庭創業中發揮出重要作用。

5.1 文獻回顧

在影響家庭創業活躍度的諸多因素中，住房作為家庭資產中最主要的組成部分之一，其與創業之間的關係一直備受研究者的關注。一般來說，缺乏啓動資金被認為是創業者實現創業夢想的最主要的障礙之一（Evans & Jovanovic，1989）。以往的研究都試圖從住房作為銀行抵押品進而放鬆信貸約束這一角度來考察其對創業的作用。但是這些研究往往受制於微觀數據的缺失，無從獲得基於家庭的創業與信貸數據。因此，他們多採用住房價格變化的衝擊來識別兩者間的關係：房價上升增加了住房作為銀行貸款抵押品的供給，提高了家庭的融資可得性，從而促進了創業行為的產生。即便是這樣，這些研究也並未得到一致的結論。

一些研究認為住房可以促進創業行為的發生。Black（1996）通過對美國時間序列數據的分析發現，當期住房財富增加10%，未來一期新註冊企業數量將顯著增加5%。Fairlie 和 Krashinsky（2012）利用美國消費動態面板數據（PSID）研究了住房財富在主動創業與被動創業過程中的作用，其中，被動創業是指經歷失業後的創業者，而主動創業者則與之相反，研究發現，住房財富對被動創業行為影響較大，而對主動創業行為影響較小。Schmalz 等（2013）比較了住房擁有者與租房者的創業差異，結果發現住房擁有者參與創業的概率顯著大於租房者，且住房財富的增加進一步擴大了兩類創業者參與創業的差異，他們還發現，對於創業者而言，住房擁有者的企業規模（資產、銷售額、

雇傭人數）顯著高於租房者的企業規模，因此，他們認為住房財富可能使創業者更易獲得初始資本，而初始資本的獲得可能對企業的成長具有重要影響。Corradin 和 Popov（2015）建立了一個信貸約束下的職業選擇理論模型，並利用數據發現房價的上漲對個體參與創業的行為有正向影響。Adelino 等（2015）發現房價上升促進了創業行為的發生，並進一步為社會創造了更多的就業機會。

也有一些學者發現，住房對創業行為具有不顯著或是負向的影響。Hurst 和 Lusardi（2004）利用美國消費動態面板數據（PSID）進行研究發現，住房財富緩解家庭創業信貸約束的作用非常有限，住房財富僅對家庭財富水準最高的5%的家庭參與創業的概率有顯著影響，而對剩餘的家庭幾乎沒有影響，而且房價上漲更快的地方的家庭並沒有表現出更高的創業參與率。Lixing Li 和 Xiaoyu Wu（2014）利用中國人口抽樣調查數據及中國家庭追蹤調查（CFPS）數據研究了房價與創業之間的關係，結果發現房價上升顯著地抑制了家庭的創業行為，且擁有住房的家庭參與創業的概率顯著低於租房家庭。Bracke 等（2012）通過對英國創業市場的研究也發現相似結論。

而在國內研究方面，由於關於家庭擁有房地產的微觀數據非常缺乏，從微觀層面研究住房對創業影響的文獻非常少，大多數學者單方面關注了信貸約束對創業的影響（程鬱，羅丹，2009；馬光榮，楊恩燕，2011；肖華芳，包曉嵐，2011）。周京奎等（2014）發現中國住房制度改革通過降低流動性約束，提高了職工的創業傾向，王文春等（2014）發現房價上升促進了企業對創新資本的投入，從而可能降低企業的創新能力。

縱觀以上文獻，我們發現以往的研究實際上並沒有直接檢驗家庭的住房擁有能否通過放鬆銀行信貸約束來影響創業，而主要是通過房價上漲的衝擊來間接驗證這一渠道。這類文獻存在著幾點不足：第一，很難避免房價上升與經濟環境同時變化而導致的內生性問題，一些遺漏變量（Omitted Variables）可能會同時影響房價與創業活躍度，導致估計結果出現偏差。第二，住房財富的增加不一定通過增加貸款抵押品的供給而促進創業，還可能通過降低創業者的風險厭惡程度而促進創業（Hurst & Lusardi，2004）。第三，這類研究存在的另一個不足是無法界定買房與創業的先後順序，存在著因果倒置的問題，即有相當部分的家庭可能在創業成功之後再買房。

與以往研究不同，本章擬採用中國家庭金融調查數據研究中國家庭住房擁有情況對創業的影響。具體來說，我們利用在中國住房市場上廣泛存在著的不同產權形式識別住房擁有對創業的影響及其具體影響渠道。由於歷史等原因，中國市場上存在著多種不同產權的房屋類型。從獲得銀行融資的角度來說，只

有土地使用權證與房屋所有權證「兩證齊全」的房屋可以作為抵押品，其他的不完全產權房屋如「小產權房」等，則無法作為銀行抵押品。我們發現，擁有住房本身並不能顯著提高家庭創業率，只有擁有完全產權的住房才會對家庭的創業有正向影響，並顯著降低家庭退出創業的概率。在更進一步的分析中，我們發現，擁有完全產權住房的家庭在創業過程中更有可能從銀行獲得信貸，從銀行獲得的創業信貸規模更大，信貸滿足度更高，且更有可能獲得抵押貸款，同時，擁有完全產權住房還可幫助受到正規金融信貸配給的家庭獲得非正規金融借款。因此，完全產權住房的擁有具有通過緩解創業融資約束而促進創業的功效。相反，在擁有不完全產權住房的家庭和無房的家庭中，這些效應並不顯著。

相比於以往的研究，本章的創新在於：首先，我們利用 CHFS 數據直接檢驗了住房能否通過緩解融資約束而幫助家庭創業這一具體的作用渠道。其次，由於 CHFS 數據可以很好地確定家庭買房與創業的先後順序，從而避免了以前文獻中由於兩者順序顛倒而產生的因果倒置問題（Reverse Causality Problem）。最後，我們在盡可能控制宏觀經濟與個體差異的基礎上，採用 Heckman 轉換估計模型（Heckman Switching Regression Model）對可能存在的內生性問題進行修正，利用該模型分析了住房對家庭創業傾向的影響，並從信貸配給的角度揭示了住房影響創業的傳導機制。本章的研究豐富了創業學相關方面的研究，並揭示了產權明晰、可抵押、可流通的住房財產可以幫助家庭創業成功。這為政府建立完善、統一的城鄉建設用地市場的改革政策提供了證據支撐。

5.2　制度背景

由於城鄉二元結構的差異及相關政策的限制，中國住宅市場具有多元化的產權形式。住房產權由房屋所有權和土地使用權構成。根據土地性質的不同，用於住宅建設的土地分為農村集體土地建設用地和國有土地建設用地，而國有土地建設用地又可分為住宅建設用地和非住宅建設用地，居民住房只有同時具有房屋所有權與國有住宅建設用地使用權（簡稱「兩證齊全」），其所有者才具備完整的住房產權，即享有住房的佔有、使用、收益和處分權。

具體來講，中國住宅市場主要存在三種產權形式：完全產權、部分產權、無產權。根據相關法律法規，三種產權的定義分別為：完全產權是指住房同時具有房屋所有權與國有住宅建設用地使用權，即房屋所有者對該房屋具有完整的佔有、使用、收益和處分的權利，完全產權住房主要包括合法購買的普通商

品房、土地確認為國有土地使用權的自建房、拆遷換房等。部分產權是指房屋所有人在購買公房中按照房改政策以標準價購買的住房或在建房過程中得到了政府或企業補貼，或由於私人合約①，房屋所有人享有完全的佔有權、使用權和有限的處分權、收益權，部分產權住房主要包括房改房、單位集資房等。無產權是指房屋所有人暫時享有房屋的佔有權、使用權，但沒有處分和收益權，無產權住房主要包括「小產權」房②、農村集體土地使用權住房。與前兩類產權形式相比，無產權住房處於法律保護的邊緣，國家也明文禁止無產權住房參與市場交易。

在信貸市場上，產權具有非常重要的作用，決定著住房是否可用於貸款抵押。《中華人民共和國擔保法》規定，具備完整產權的住房可用於抵押，而耕地、宅基地、自留地、自留山等集體所有的土地使用權不能用於抵押（《中華人民共和國擔保法》第三十六條、第三十七條）。因此，無產權的住房無法通過抵押獲取信貸。

根據中國住房市場的產權特點，若按傳統文獻的做法，即通過有房和無房來識別住房的抵押品屬性可能並不適用於對中國問題的分析，因此，我們以是否擁有完全產權來識別住房的抵押品特性，一些部分產權住房雖然也可抵押（Wang，2008），但抵押程序涉及多方的協調，實施抵押較困難，因此我們將其歸為不可抵押一類③。現代產權理論認為，產權明晰後，可以使標的物品更容易抵押（Feder, et al., 1991；Besley，1995），從而幫助借款人更容易地獲得借款或獲得較低的貸款利率。Carter 和 Olinto（2003），Field 和 Torero（2006），Boucher 等（2008）是這方面研究的代表，但他們卻沒有發現有力的證據，因此，本章的分析也是對產權方面研究的補充。

5.3 數據來源、變量與描述統計

5.3.1 數據來源

本章使用的數據依然來源於中國家庭金融調查與研究中心 2011 年與 2013

---

① 「部分產權」「標準價」的概念首先出現於1991年《國務院關於繼續積極穩妥地進行城鎮住房制度改革的通知》（以下簡稱《通知》），《通知》指出，職工購買公有住房，在國家規定住房面積以內，實行標準價，購房後擁有部分產權。標準價是指各市、縣依據本地區中低收入職工家庭平均經濟承受能力而確定的出售公有住宅售房價格，是相對於成本價而言的。

② 「小產權」是指修建於城中村或城郊農村集體土地使用權或非住宅國有土地使用權上的商品房（違規建房）（李濤，2011）。

③ 我們將部分產權住房視為可抵押的房產，重複本章的研究可得到基本一致的結論。

年的兩輪調查數據。具體分析樣本由兩部分構成。首先，我們利用成功追訪的兩期樣本分析住房與創業之間的關係。需要注意的是，儘管我們擁有兩期面板數據，但本章主要通過住房產權來識別住房的抵押品特性，而住房產權在短期內幾乎不會發生變化，這樣就無法採用固定效應模型進行估計。但兩期數據可以幫助我們界定有無住房與創業的先後順序，參照 Hurst、Lusardi（2004）和 Schmalz 等（2013）的做法，我們通過家庭 $t-1$ 期的住房產權信息預測家庭 t 期參與創業的概率。其次，我們利用 2013 年的橫截面數據分析住房是否緩解了創業信貸約束，我們未採用兩期數據的原因是：第二期新創業的家庭為 500 個，其中僅有 123 個樣本有信貸需求，有效樣本非常少，無法實現有效的估計。此外，對住房與創業信貸約束之間關係的分析僅針對創業家庭，CHFS 詢問了創業開始年份，我們同樣可以界定創業家庭在有創業信貸需求前是否有住房。我們未採用以家庭 2011 年的住房產權信息預測家庭 2013 年開始創業時受到信貸約束的概率這一方法的原因是：2011 年未創業但 2013 年開始創業的城鎮家庭為 358 個，其中僅有 89 個樣本有信貸需求，有效樣本非常少，難以實現有效的估計。

5.3.2　變量、數據處理與描述統計

本章分析最重要的解釋變量是住房產權。與第三章對住房產權的定義相同，本章對完全產權住房的定義是家庭擁有土地使用權證與房屋所有權證——「兩證齊全」的房屋。不完全產權住房的定義則是兩證不齊全或是完全無證的房屋。CHFS 的調查問卷中相應的問題為：「您家這套房子的產權形式是什麼？」（問題編號 C2008）。表 5-1 描述了 2011 年與 2013 年的調查樣本中，家庭擁有不同產權住房的比例。可以看出，農村地區家庭擁有的不完全產權房屋的比例遠高於城鎮地區家庭，這是因為農村房屋的土地性質絕大多數是農村集

表 5-1　　　　　　家庭擁有住房的產權形式

	2011 年		2013 年	
	農村地區家庭	城鎮地區家庭	農村地區家庭	城鎮地區家庭
擁有完全產權住房	7.8%	67.8%	5.8%	61.8%
僅擁有不完全產權住房	87.9%	19.9%	90.0%	24.5%
無房	4.3%	12.3%	4.2%	13.7%
合計	100%	100%	100%	100%

註：完全產權住房的定義是家庭擁有土地使用權證與房屋所有權證——「兩證齊全」的房屋。不完全產權住房的定義則是兩證不齊全或是完全無證的房屋。下同。

體土地使用權。表5-1還顯示，農村地區也有一定比例的家庭擁有完全產權住房，這是因為他們在城市購買了商品房等；而城鎮地區也有一定比例的家庭擁有不完全產權住房，這是因為進城農民工大都在農村擁有住房，此外，一些地區雖然在行政編碼上已屬於城鎮，但其土地性質仍為農村集體所有。

我們因此得到本章分析的關鍵解釋變量——家庭是否擁有可抵押的完全產權住房啞變量，以 full_right 表示該變量，若家庭至少擁有一套完全產權住房，則賦值為1，否則賦值為0。為與以往研究住房擁有與創業之間關係的文獻相比較，我們同樣考察了是否擁有住房對創業的影響，以 hous_hold 表示家庭是否擁有住房，hous_hold=1 表示家庭擁有住房，參照組為無房家庭。在具體分析問題時，我們還將住房的獲得年份限定於因變量發生年份之前，以避免因果關係的倒置。比如，當我們分析住房對創業信貸需求的影響時，只有當家庭在有創業信貸需求前擁有完全產權住房，full_right 賦值才為1。

本章分析的因變量主要有三個：

第一，家庭是否參與創業（entre）啞變量，「1」表示參與了創業，「0」表示沒有參與創業。CHFS 在兩輪調查中詢問了家庭是否從事工商業生產經營項目，為了考察住房對創業的影響，我們定義的創業家庭為2011年調查時沒有工商業經營項目、2013年調查時擁有工商業經營項目的家庭。在追訪成功的6,846個家庭中，5,953個家庭在2011年沒有工商業，其中，500個家庭在2013年開始創業。

第二，家庭是否退出創業（entre_krupt）啞變量，「1」表示家庭退出創業，「0」表示未退出。若家庭在2011年擁有工商業項目，在2013年沒有，則定義該家庭退出創業。在追訪成功的6,846個家庭中，891個家庭在2011年被調查時擁有工商業，其中，369個家庭在2013年被調查時沒有工商業項目。

第三，家庭的創業信貸需求是否受到信貸配給。信貸配給分為服務配給（Service Ration）與數量配給（Quantity Ration）兩類（Stiglitz & Weiss, 1981；朱喜，李子奈，2006）。前者的定義為在有信貸需求的家庭中「需要貸款但沒申請」或「申請被拒絕」的家庭，後者的定義為「獲得貸款的額度低於申請額度」。研究服務配給問題的關鍵是識別出有效的信貸需求（Kochar, 1997）。CHFS 詢問了家庭從事生產經營活動後是否仍有銀行借款，對於目前沒有銀行借款的家庭則進一步詢問「為什麼沒有貸款」，具體包括4個選項：一是不需要；二是需要但沒申請過；三是申請被拒絕；四是以前有銀行貸款，但已還清。參照現有研究（朱喜，李子奈，2006；何明生，帥旭，2008），我們定義

的信貸需求為現在仍有住房貸款、需要貸款但沒申請過、申請被拒絕、以前有銀行貸款但已還清的家庭。在2013年的調查樣本中，1,119個經營工商業的家庭有信貸需求，其中530個家庭的信貸需求受到服務配給。數量配給是指銀行向家庭提供的貸款數量未能滿足家庭的需求（Stiglitz & Weiss, 1981）。我們採用兩個指標來衡量：一是直接考察實際獲得的貸款規模（credit_scale）；二是信貸滿足度（credit_satisfy），即實際獲得的貸款額度與申請額度的比值。

表5-2描述了擁有完全產權住房、僅擁有不完全產權住房與無房三類家庭的創業參與、退出創業、創業信貸受到服務配給比例、創業信貸規模與信貸滿足度的差異。數據顯示，與僅擁有不完全產權住房和無房的家庭相比，擁有完全產權住房的家庭參與創業的比例更高，退出創業的比例更低，受到服務配給的比例更低，信貸規模更大，信貸滿足度更高。

表5-2　　　住房產權與創業參與、退出創業、信貸配給狀況

	擁有完全產權住房	僅擁有不完全產權住房	無房
創業參與（%）	9.2	7.8	6.9
退出創業（%）	36.1	46.9	55.2
創業信貸需求受到服務配給（%）	31.8	49.4	62.9
創業信貸規模（單位：萬元）	55.2	16.1	6.94
創業信貸滿足度（%）	109.7	81.7	51.4

註：數據根據CHFS 2011年與2013年調查的數據整理而來。

在實際迴歸分析中，我們還控制了可能影響家庭創業及獲取創業信貸的其他因素，主要有三類：一是家庭財富，包括家庭住房資產、非住房資產、是否有住房負債；二是家庭特徵，包括家庭總人數、受訪者及配偶中健康成員人數[1]、戶主[2]的戶籍、受教育程度、年齡、性別、婚姻狀況、家庭是否有成員具有社會保障、家庭是否有成員具有事業單位/公務員編製、家庭是否有成員在國有企業工作、受訪者的風險偏好；三是地區經濟特徵，包括城鄉啞變量、各城市（地級以上城市）啞變量與各區縣2010年的GDP。

分別控制住房資產與非住房資產的原因是，本章以住房產權識別住房的抵押品特性，但不同產權類型住房的價值存在差異，因此，需要排除產權價值的差異，我們感興趣的是相同價值但不同產權的住房對創業及創業信貸的影響。

---

[1] CHF數據僅詢問了受訪者及其配偶的健康狀況。
[2] 根據中國家庭金融調查問卷，戶主是對家庭財務狀況非常瞭解的家庭成員。

家庭非住房資產包括金融資產與除房產外的非金融資產，金融資產包括存款、股票、基金、債券、理財產品、黃金等，非金融資產包括耐用品、土地、工商業資產、農業資產等。由於住房再抵押（Second Mortgage）在中國並不普遍，因此，我們對是否有住房負債進行了控制。戶主的受教育程度根據戶主報告的學歷而來，如「大學本科」記為22年。社會保障是指家庭成員退休後是否有退休工資、養老保險等。家庭有成員的工作具有事業單位／公務員編製或有成員在國有企業工作，表明家庭擁有穩定的收入來源，穩定的工作可能降低創業傾向，我們預期這類家庭參與創業的概率較低。風險偏好由受訪者的投資態度確定，若受訪者願意投資高風險、高回報和略高風險、略高回報的項目，則為風險偏好型，取值為1，否則取值為0，控制風險偏好可以在一定程度上影響財富與風險喜好程度相關的內生性。表5-3報告了變量的定義與描述統計。

表5-3　　　　　　　　　變量的定義與描述統計

變量名/變量含義	2011年 擁有完全產權	2011年 僅擁有不完全產權	2011年 無房	2013年 擁有完全產權	2013年 僅擁有不完全產權	2013年 無房
housasset/住房價值（萬元）	65.01 (100.83)	20.74 (55.65)	0 (0)	83.39 (160.85)	30.39 (68.59)	0 (0)
nhasset/非住房價值（萬元）	61.9 (1,810)	11.12 (38.74)	6.64 (20.69)	48.03 (982.92)	16.62 (88.12)	25.43 (578.32)
hous_debt/有住房負債=1	0.12 (0.32)	0.11 (0.31)	0 (0)	0.18 (0.39)	0.15 (0.36)	0 (0)
family_num/家庭成員數	3.29 (1.34)	3.92 (1.67)	2.76 (1.38)	3.03 (1.3)	3.86 (1.77)	2.64 (1.34)
health_num/健康人數	0.7 (0.77)	0.65 (0.77)	0.47 (0.7)	0.92 (0.83)	0.75 (0.81)	0.73 (0.79)
head_age/戶主年齡	48.67 (14.3)	50.86 (13.11)	50.08 (16.98)	50.23 (15.51)	52.36 (13.42)	48.6 (17.55)
urban/戶主為城鎮戶籍=1	0.74 (0.44)	0.14 (0.35)	0.64 (0.48)	0.7 (0.46)	0.19 (0.39)	0.56 (0.5)
head_edu/戶主受教育年限	10.46 (4.00)	7.12 (3.81)	8.93 (4.72)	11.08 (4.06)	7.85 (3.79)	9.79 (4.45)
head_male/戶主男性=1	0.37 (0.48)	0.43 (0.5)	0.29 (0.46)	0.67 (0.47)	0.83 (0.38)	0.62 (0.49)

表5-3(續)

變量名/變量含義	2011年 擁有完全產權	2011年 僅擁有不完全產權	2011年 無房	2013年 擁有完全產權	2013年 僅擁有不完全產權	2013年 無房
head_married/戶主已婚=1	0.87 (0.34)	0.9 (0.3)	0.72 (0.45)	0.82 (0.38)	0.88 (0.32)	0.67 (0.47)
risk_prefer/偏好風險=1	0.14 (0.35)	0.11 (0.31)	0.13 (0.34)	0.12 (0.33)	0.1 (0.29)	0.13 (0.33)
work_gov/公務員家庭=1	0.15 (0.36)	0.03 (0.16)	0.06 (0.24)	0.17 (0.38)	0.06 (0.23)	0.06 (0.24)
work_govfirm/國企家庭=1	0.11 (0.31)	0.03 (0.16)	0.07 (0.25)	0.15 (0.35)	0.05 (0.22)	0.09 (0.28)
security/擁有社會保障=1	0.71 (0.46)	0.36 (0.48)	0.48 (0.5)	0.83 (0.37)	0.75 (0.43)	0.72 (0.45)
gdp/各區縣GDP（億元）	469.82 (687.83)	236.27 (377.66)	500.21 (793.30)	459.01 (697.41)	241.46 (439.08)	444.02 (658.47)
rural/農村地區=1	0.08 (0.28)	0.77 (0.42)	0.21 (0.41)	0.06 (0.24)	0.53 (0.5)	0.11 (0.32)
觀測值	3,126	3,225	495	12,749	13,447	2,947

註：括號內為標準差，括號上面是均值。各區縣GDP數據來源於《中國統計年鑑2011》及各區縣政府工作報告2010年的統計值。2011年變量整理於追訪成功的6,846戶家庭的2011年調查結果，2013年變量整理於2013年的28,143戶家庭樣本。

5.4 研究方法與計量模型設定

本小節中，我們將介紹接下來的實證分析用到的基本計量模型。本章實質上是估計住房產權對創業參與的平均處理效應（Average Treatment Effect），面臨由產權形式的自選擇（Self-selection）而產生的內生性問題。根據表5-3的描述統計可發現，擁有完全產權住房的家庭在資產、事業單位/公務員編製比例、戶主受教育程度等方面均優於非完全產權住房的家庭，因此，若不能掌握家庭特徵，有或無產權住房家庭之間的創業參與差異很有可能受到遺漏變量的影響：不可觀測的變量影響家庭的房屋產權形式以及家庭成員是否參與創業。解決內生處理效應的方法有兩種，即工具變量兩階段估計（2SLS）與控制函數法（Control Function）。本章中，我們採用控制函數法進行估計，其思想源

於 Heckman（1978）提出的轉換迴歸模型（Switching Regression Model）。這是因為當內生變量是由自選擇導致時，控制函數法優於傳統的工具變量兩階段估計法（Wooldridge，2002）。基本模型如下：

首先，兩類家庭的創業概率分別為：

$$y_1 = \mu_1 + v_1 \tag{5.1}$$

$$y_0 = \mu_0 + v_0 \tag{5.2}$$

其中，y_1 與 y_0 分別表示擁有完全產權住房的家庭與其他家庭是否創業的二元變量。μ_1 與 μ_0 是兩類家庭參與創業的期望值，v_1 與 v_0 分別是誤差項。在這個二元選擇模型中，對於同一個家庭，我們無法同時觀測到 y_1 與 y_0，實際觀測到的結果可用如下模型表示：

$$y = \mu_0 + (\mu_1 - \mu_0) full\_right + v_0 + (v_1 - v_0) full\_right \tag{5.3}$$

其中 $full\_right$ 表示該家庭是否擁有完全產權住房的二元變量，「1」代表擁有，「0」代表不擁有。y 為實際觀測到的家庭創業結果，它是家庭擁有住房產權形式的函數。

進一步假設：v 是 X 的線性函數，X 是能觀察到的影響家庭是否創業的解釋變量，即 $v_0 = \eta_0 + \beta_0 X + e_0$，$v_1 = \eta_1 + \beta_1 X + e_1$，$e$ 為誤差項，並且 $E(v_1) - E(v_0) = (X - \varphi) \delta$，其中 $\varphi = E(X)$（Wooldridge，2002）。則式（5.3）可改寫為：

$$y = \gamma + \alpha full\_right + \beta_0 X + \delta full\_right(X - \varphi) + e_0 + (e_1 - e_0) full\_right \tag{5.4}$$

假定家庭住房產權的決定因素為：

$$full\_right = 1[\theta_0 + \theta_1 X + \theta_2 Z + u] \tag{5.5}$$

Z 表示與住房產權相關但與創業不相關的工具變量，若 (u, e_0, e_1) 服從三元正態分佈，且 u 服從標準正態分佈，那麼：

$$E(y | full\_right, X, Z) = \gamma + \alpha full\_right + \beta_0 X + p_1 full\_right[\varphi(q\theta) / \Phi(q\theta)]$$
$$+ p_2(1 - full\_right)[\varphi(q\theta) / (1 - \Phi(q\theta))] \tag{5.6}$$

其中，$q\theta = \theta_0 + \theta_1 X + \theta_1 Z$，$\phi(.)$ 與 $\Phi(.)$ 分別表示單變量標準正態分佈的概率密度函數與累積分佈函數。對式（5.6）的估計可採用兩步法，首先對式（5.5）進行 probit 估計，得到擬合值 $\hat{\theta}$、$\hat{\Phi}$，然後將擬合值帶入式（5.6）的相應部分做普通最小二乘迴歸，便可得到 α 的一致估計。p_1 與 p_2 可用於檢驗模型是否存在自選擇問題，若 p_1 與 p_2 聯合顯著，則表明模型存在自選擇問題。直接採用工具變量對式（5.3）進行 2SLS 估計的關鍵假設是 $v_1 = v_0$，該假設在實際分析中不易得到滿足，採用 Heckman 轉換模型可以得到更有效的估

計（Wooldridge，2002），這是我們採用 Heckman 轉換模型而不採用 2SLS 的原因。

尋找合適的工具變量並非易事，前文提到，房屋產權由房屋所有權和土地使用權決定，家庭通常擁有房屋所有權，因此，理想的工具變量是能夠度量土地使用權差異，但該變量並不影響家庭創業決策。我們將家庭所居住社區（村）居民做飯的主要燃料來源是否為管道天然氣（CNG）[①]作為住房產權的工具變量，$CNG=1$ 表示做飯主要燃料來源為天然氣，否則取值為 0。通常來講，社區公共設施更完善的地區更可能擁有國有土地使用權，住房產權也更完整，但該變量並不直接影響家庭創業或獲得創業信貸。為與以往文獻相比較，我們在迴歸分析中還考察了是否擁有住房對創業的影響，即將上述模型中是否擁有完全產權住房啞變量替換為是否擁有住房，我們同樣採用 CNG 作為是否擁有住房的工具變量，這是由於社區公共設施更完善的地區的租房比例更高，做飯燃料來源是否為天然氣與住房擁有率呈高度負相關。根據 CHFS 2013 年的調查數據，社區居民做飯燃料來源是否為管道天然氣與家庭住房是否為完全產權住房、是否擁有住房的相關係數分別為 0.358、-0.088。

5.5 迴歸結果分析

5.5.1 住房與創業參與

首先，我們直接考察住房對家庭創業的影響，即當期擁有住房是否會提高家庭下期參與創業的概率。因涉及家庭跨期的決策，參照 Hurst 和 Lusardi（2004）、Schmalz 等（2013）的做法，我們建立如下線性概率模型（Linear Probability Model）進行分析：

$$y(entre_{2013} \mid entre_{2011} = 0) = \beta_0 + \beta_1 full\_right_{2011} + X\delta + u \qquad (5.7)$$

y（$entre_{2013} \mid entre_{2011} = 0$）表示在 2011 年調查時沒有經營工商業的家庭，到 2013 年是否有工商業項目的啞變量。$full\_right_{2011}$ 是家庭在 2011 年是否擁有完全產權住房的啞變量。β_1 是我們感興趣的參數，表示家庭在 2011 年擁有可抵押的完全產權住房對家庭未來參與創業的概率的邊際影響。X 是表 5-3 中的控制變量。

[①] 中國家庭金融調查的社區（村）問卷中詳細詢問了社區（村）居民做飯的主要燃料來源，包括：柴草、煤炭、沼氣、管道天然氣/煤氣、液化石油氣、太陽能、電等。詢問對象為各社區（村）領導。

表 5-4 報告了式（5.7）的估計結果，模型（1）、（2）、（3）是線性概率模型的普通最小二乘估計（OLS），模型（4）、（5）、（6）是 Heckman 的模型估計。模型（1）、（4）按照傳統文獻的研究方法考察了當期擁有住房（hous_hold）對下期創業的影響，hous_hold=1 表示家庭在 2011 年擁有住房，參照組為不擁有住房的家庭。結果顯示，無論是 OLS 估計還是 Heckman 模型估計，擁有住房對創業均無顯著影響，而擁有完全產權住房可顯著提高家庭參與創業的概率。同時，Heckman 模型參數中的 p_1 與 p_2 均聯合顯著，這表明 OLS 估計存在因自選擇問題導致的估計偏誤，應採用 Heckman 轉換迴歸模型估計結果。Heckman 模型的估計結果顯示，擁有完全產權住房可使家庭參與創業的概率顯著提高 0.124，顯著性水準為 10%，且對於有房家庭，擁有完全產權住房的家庭參與創業的概率比擁有不完全產權住房的家庭顯著高 0.123，由於我們在模型中同時控制了住房價值，也就是說，對於價值相同的兩套住房，具有完全產權的住房有助於家庭創業，而不完全產權住房則不然。表 5-4 的估計結果還顯示，住房負債對家庭參與創業具有顯著負向影響，事業單位、公務員家庭參與創業的概率也顯著低於非事業單位、公務員家庭；這些估計結果也與以往文獻的研究結果相符。

表 5-4　　　　　　　　住房產權與創業參與（基礎迴歸）

	OLS			Heckman 模型		
	(1) 全樣本	(2) 全樣本	(3) 有房家庭	(4) 全樣本	(5) 全樣本	(6) 有房家庭
hous_hold	0.027 (0.029)			−0.043 (0.043)		
full_right		0.027* (0.014)	0.027* (0.015)		0.124* (0.068)	0.123* (0.068)
Ln(housasset)	−0.001 (0.002)	−0.000 (0.001)	−0.001 (0.002)	−0.001 (0.002)	0.003* (0.001)	0.007*** (0.002)
Ln(nhasset)	0.012*** (0.003)	0.012*** (0.003)	0.012*** (0.003)	0.008 (0.006)	0.007*** (0.003)	0.007** (0.003)
hous_debt	−0.029** (0.012)	−0.030** (0.012)	−0.030** (0.013)	−0.030** (0.012)	−0.030** (0.014)	−0.030** (0.014)
family_num	0.005* (0.003)	0.006* (0.003)	0.005 (0.003)	0.029** (0.015)	0.005 (0.003)	0.004 (0.003)
health_num	0.016*** (0.006)	0.016*** (0.006)	0.018*** (0.006)	−0.015 (0.017)	0.013* (0.007)	0.016** (0.008)

表5-4(續)

	OLS			Heckman 模型		
	(1)全樣本	(2)全樣本	(3)有房家庭	(4)全樣本	(5)全樣本	(6)有房家庭
head_age	−0.002	−0.002	−0.001	−0.005	−0.001	−0.001
	(0.002)	(0.002)	(0.002)	(0.006)	(0.002)	(0.002)
age_sqr	−0.000	−0.000	−0.000	0.000	0.000	−0.000
	(0.000)	(0.000)	(0.000)	(0.000)	(0.000)	(0.000)
urban	−0.008	−0.014	−0.016	0.004	0.002	−0.006
	(0.014)	(0.014)	(0.015)	(0.037)	(0.017)	(0.020)
head_edu	−0.002	−0.002	−0.002*	0.005	−0.000	−0.001
	(0.001)	(0.001)	(0.001)	(0.004)	(0.001)	(0.002)
head_male	0.019**	0.019**	0.021**	0.000	0.020**	0.023**
	(0.009)	(0.009)	(0.009)	(0.026)	(0.010)	(0.011)
head_married	0.006	0.006	0.009	−0.008	0.007	0.013
	(0.012)	(0.012)	(0.013)	(0.037)	(0.014)	(0.015)
risk_prefer	0.032**	0.031**	0.036**	−0.033	0.007	0.014
	(0.015)	(0.015)	(0.016)	(0.040)	(0.018)	(0.020)
work_gov	−0.050***	−0.051***	−0.053***	−0.031	−0.049**	−0.052**
	(0.014)	(0.014)	(0.014)	(0.055)	(0.022)	(0.026)
work_govfirm	−0.059***	−0.060***	−0.059***	−0.062*	−0.037	−0.023
	(0.015)	(0.015)	(0.015)	(0.037)	(0.029)	(0.038)
security	−0.039***	−0.040***	−0.039***	−0.032	−0.014	−0.008
	(0.011)	(0.011)	(0.012)	(0.038)	(0.012)	(0.013)
$Ln(gdp)$	0.002	0.002	0.010	0.006	−0.001	0.010
	(0.022)	(0.022)	(0.022)	(0.024)	(0.018)	(0.018)
rural	−0.037**	−0.024	−0.027	0.012	−0.065***	−0.065***
	(0.015)	(0.017)	(0.018)	(0.045)	(0.020)	(0.023)
p_1				0.361***	−0.096	−0.092
				(0.107)	(0.067)	(0.067)
p_2				0.000	0.002**	0.003**
				(0.000)	(0.001)	(0.001)
城市啞變量	YES	YES	YES	YES	YES	YES
constant	0.064	0.068	0.056	0.021	0.058	−0.039
	(0.101)	(0.101)	(0.107)	(0.226)	(0.104)	(0.109)

表5-4(續)

	OLS			Heckman 模型		
	(1)全樣本	(2)全樣本	(3)有房家庭	(4)全樣本	(5)全樣本	(6)有房家庭
N	5,953	5,953	5,519	5,953	5,953	5,519
R^2	0.060	0.061	0.061	0.064	0.062	0.064

註：各列括號裡是 Cluster 到社區層面的聚類穩健標準誤。表中被解釋變量均為家庭是否參與創業啞變量。上標「***」「**」「*」分別表示在1%、5%和10%的統計水準上顯著。

為提供更豐富的證據，我們對上述影響做更進一步的識別。首先，若住房通過緩解融資約束而促進了創業，那麼，在房價上漲更快的城市，由於有完全產權住房的家庭的抵押品的數量有更大程度的增加，因此創業概率會更大程度地提升。我們通過加入住房產權與所在城市房價變動的交叉項來識別上述影響。其次，上述分析表明，只有擁有完全產權住房才有助於家庭創業，這是由於住房的抵押品特性所致；擁有完全產權住房能夠通過抵押幫助家庭獲得更多的初始資本，這將導致企業的創立規模產生差異。因此，我們進一步檢驗住房對家庭創業規模的影響。

表5-5報告了在基本模型中加入住房產權與所在城市（地級市）房價變動的交叉項後的估計結果。其中，房價變動以2010—2012年房價複合年增長率衡量①，數據來源於《中國城市統計年鑒》，以 *ave_growthrate* 表示計算出的此變量。鑒於前文已發現住房對創業的影響存在自選擇問題導致的估計偏誤，表5-5直接報告了 Heckman 模型的估計結果。我們感興趣的是模型中交叉項的估計系數，模型（1）的估計結果顯示，房價增長率每提高10個百分點，可使擁有住房的家庭參與創業的概率顯著提高0.343。然而，房價上漲並非對所有有房家庭參與創業都有正向促進效應，模型（2）去掉了擁有完全產權住房的家庭樣本，交叉項估計系數變得不顯著，即房價上漲對於擁有不完全產權住房的家庭參與創業無正向促進作用。同時，模型（3）、（4）的估計結果顯示，相較於不擁有完全產權住房的家庭或僅擁有不完全產權住房的家庭，房價上漲可顯著提高擁有完全產權住房家庭參與創業的概率。

---

① 計算公式為：hprice2010 * (1+ave_growthrate)^2 = hprice2012，其中 hprice2010 表示2010年的房價，hprice2012 表示2012年的房價，房價均為當年值。通過此公式可計算出房價複合年均增長率 ave_growthrate。

表 5-5　　　　住房產權、房價變動與創業（Heckman 模型）

	(1) 全樣本	(2) 去掉完全產權住房家庭	(3) 全樣本	(4) 有房家庭
hous_hold	-0.117**	-0.114**		
	(0.049)	(0.056)		
full_right			0.024	0.029
			(0.057)	(0.059)
hous_hold * ave_growthrate	0.343**	0.229		
	(0.143)	(0.170)		
full_right * ave_growthrate			0.294**	0.244*
			(0.121)	(0.130)
ave_growthrate	-0.295**	-0.272	-0.091	-0.060
	(0.149)	(0.166)	(0.088)	(0.092)
控制變量	YES	YES	YES	YES
城市啞變量	YES	YES	YES	YES
p_1	0.378***	0.265	-0.023	-0.019
	(0.106)	(0.180)	(0.055)	(0.056)
p_2	0.000	0.000	0.002***	0.002**
	(0.000)	(0.000)	(0.001)	(0.001)
constant	0.152	0.217	0.043	-0.035
	(0.207)	(0.216)	(0.100)	(0.111)
N	5,898	3,284	5,898	5,464
R^2	0.056	0.059	0.060	0.061

註：各列括號裡是 Cluster 到社區層面的聚類穩健標準誤。表中被解釋變量均為家庭是否參與創業啞變量，因缺失一些城市的房價統計數據，有效樣本與表 5-4 有所差異。為節約篇幅，此處未匯報控制變量的估計結果。上標「***」「**」「*」分別表示在 1%、5% 和 10% 的統計水準上顯著。

為檢驗住房對家庭創業規模的影響，我們使用 2013 年的調查樣本進行分析，這是由於 2011 年未經營工商業但 2013 年新創業的樣本僅有 358 個，難以實現有效的估計，而 2013 年數據中的城鎮創業家庭為 3,204 個[①]。表 5-6 報告

[①] 一些變量存在缺失值，實際參與迴歸的樣本會有所不同。

了住房對家庭創業規模的影響的估計結果，創業規模以家庭創業總投資來衡量[①]，為排除極端值的干擾，我們對該變量做對數化處理。控制變量中除包括前文採納的變量外，我們還控制了行業固定效應[②]。估計結果顯示，p_1 與 p_2 在 Heckman 模型中並不聯合顯著，這表明 OLS 估計是一致可信的。OLS 估計結果顯示，在控制家庭住房資產與非住房資產等因素的條件下，擁有住房並不顯著影響家庭創業規模，但相比於其他家庭而言，擁有完全產權住房可使家庭的創業規模顯著提高 24.0%，在 5% 的統計水準上顯著。即使對於有房家庭，擁有完全產權住房的家庭的創業規模也比僅擁有不完全產權住房的家庭高 21.6%，在 10% 的統計水準上顯著。

表 5-6　　　　　　　　　住房對創業規模的影響

	OLS			Heckman 模型		
	(1) 全樣本	(2) 全樣本	(3) 有房家庭	(4) 全樣本	(5) 全樣本	(6) 有房家庭
$hous\_hold$	0.115 (0.090)			-0.302 (0.378)		
$full\_right$		0.240** (0.105)	0.216* (0.128)		0.274 (0.264)	0.305 (0.317)
控制變量	YES	YES	YES	YES	YES	YES
城市啞變量	YES	YES	YES	YES	YES	YES
行業固定效應	YES	YES	YES	YES	YES	YES
p_1				0.555 (0.639)	0.001 (0.209)	-0.046 (0.234)
p_2				0.001 (0.002)	-0.045 (0.028)	-0.008 (0.032)
$constant$	5.797*** (1.104)	5.860*** (1.103)	5.852*** (1.191)	5.994*** (1.407)	5.727*** (1.133)	5.418*** (1.243)
N	3,669	3,669	2,323	3,669	3,669	2,323
R^2	0.213	0.214	0.231	0.217	0.215	0.227

註：各列括號裡是 Cluster 到社區層面的聚類穩健標準誤。表中被解釋變量均為家庭創業規模對數。為節約篇幅，此處未匯報控制變量的估計結果。上標「***」「**」「*」分別表示在 1%、5% 和 10% 的統計水準上顯著。

[①] CHFS 詳細詢問了家庭自營工商業的初始總投資及在初始總投資中佔有的份額。問題編號：B2008a、B2008b。

[②] CHFS 詳細詢問了家庭自營工商業的行業類別。行業分類以國民經濟行業分類與代碼（GB/4754—2011）為標準。問題編號：B2007。

5.5.2 住房與退出創業

除了可考察住房對創業發生概率的影響，我們還可分析住房與家庭退出創業之間的關係。理論上，沒有足夠資金幫助企業渡過經營困難階段會增加企業退出創業的可能性，因此，若住房具有抵押品屬性，企業經營不善時可據此獲得第三方融資，從而降低家庭退出創業的概率。我們建立如下計量模型對上述猜想進行檢驗：

$$y(entre_{2013} \mid entre_{2011} = 1) = \beta_0 + \beta_1 full\_right_{2011} + X\delta \\ + firm\_charachters * \gamma + u \quad (5.8)$$

$y(entre_{2013} \mid entre_{2011} = 1)$ 為是否退出創業的啞變量，若家庭在 2011 年有自營工商業項目，但到 2013 年沒有工商業項目則取值為 1，否則取值為 0。除控制變量 X 外，模型中還控制了企業特徵變量（$firm\_characters$），包括 2011 年調查家庭自營工商業是否獲利或盈虧平衡（$profit$）啞變量，參照組為家庭自營工商業虧損、企業年齡（$firm\_age$）、企業行業固定效應。

我們同樣採用 OLS 與 Heckman 轉換模型進行估計。表 5-7 中的模型（1）、(2)、(3) 是 OLS 估計，模型（4）、(5)、(6) 是 Heckman 模型估計。與上一節結果類似，OLS 與 Heckman 模型結果均顯示，家庭是否退出創業與家庭是否有房並無顯著聯繫。然而，擁有完全產權住房可以顯著降低家庭退出創業的概率，全樣本下，修正自選擇後的 Heckman 模型估計值為 -0.456，在 5% 統計水準上顯著，對於有房家庭，擁有完全產權住房的家庭退出創業的概率比擁有不完全產權住房家庭顯著低 0.489。模型（5）、(6) 的估計中，p_1 與 p_2 至少在 5% 的統計水準上聯合顯著，這再次表明 OLS 估計存在自選擇問題導致的估計偏誤，應採用 Heckman 模型的估計結果。

綜合上述分析，我們發現，即使家庭擁有住房，但若住房不具有完整的產權，這樣的住房對企業生死存亡的影響並不重要，而具有抵押品屬性的完全產權住房可顯著提高家庭參與創業的可能性，並顯著降低家庭退出創業的概率。

表 5-7　　　　　　　　　　住房產權與退出創業

	OLS			Heckman 模型		
	(1)全樣本	(2)全樣本	(3)有房家庭	(4)全樣本	(5)全樣本	(6)有房家庭
$hous\_hold$	-0.037(0.128)			-0.027(0.365)		

表5-7(續)

	OLS			Heckman 模型		
	(1) 全樣本	(2) 全樣本	(3) 有房家庭	(4) 全樣本	(5) 全樣本	(6) 有房家庭
full_right		-0.075* (0.040)	-0.076* (0.044)		-0.456** (0.226)	-0.489** (0.233)
控制變量	YES	YES	YES	YES	YES	YES
企業特徵	YES	YES	YES	YES	YES	YES
城市啞變量	YES	YES	YES	YES	YES	YES
行業固定效應	YES	YES	YES	YES	YES	YES
p_1				-0.239 (0.561)	0.385** (0.177)	0.428** (0.180)
p_2				0.001 (0.002)	0.001 (0.005)	-0.000 (0.005)
constant	2.224*** (0.340)	2.191*** (0.334)	2.110*** (0.597)	1.714 (1.207)	2.049*** (0.456)	2.259*** (0.736)
N	891	891	832	891	891	832
R^2	0.191	0.194	0.199	0.208	0.242	0.255

註：各列括號裡是 Cluster 到社區層面的聚類穩健標準誤。表中被解釋變量均為家庭是否退出創業啞變量。企業特徵變量包括家庭自營工商業是否獲利或盈虧平衡啞變量、企業年齡。為節約篇幅，此處未匯報控制變量與企業特徵變量的估計結果。上標「***」「**」「*」分別表示在1%、5%和10%的統計水準上顯著。

5.5.3 住房促進創業的影響機制

以往的文獻雖然將住房對創業的正向影響解釋為住房通過緩解融資約束而促進了創業，但並未提供直接的有效證據，我們將進一步對住房通過緩解融資約束影響創業這一重要的渠道進行識別。此外，關於住房能否提高信貸可得性的研究也未取得一致結論，比如，同樣是針對農戶信貸可得性的研究，何明生和帥旭（2008）的研究發現，家庭住房資產可顯著提高農戶信貸可得性，而朱喜和李子奈（2006）的研究卻發現，住房資產不利於家庭獲得信貸，因此，本章的研究可進一步對這一問題進行解答。

1. 住房可以緩解創業信貸配給

首先，我們具體研究住房擁有對創業信貸配給的影響，該部分分析對象為2013年具有完整工商業信貸信息的家庭樣本。信貸配給是指家庭的信貸需求

無法獲得滿足的情況，具體可劃分為服務配給（Service Ration）與數量配給（Quantity Ration）（Stiglitz & Weiss, 1981；朱喜，李子奈，2006）。前者的定義為家庭有信貸需求，但存在「需要貸款但沒申請」或「申請被拒絕」的情況，後者的定義為「獲得貸款的額度低於申請額度」。我們首先建立如下計量模型來分析住房對服務配給的影響：

$$service\_ration = \beta_0 + \beta_1 full\_right + X\delta + u \qquad (5.9)$$

service_ration 是表示家庭的創業信貸需求是否受到銀行服務配給的啞變量。與前文不同，full_right 在此處表示家庭在有創業信貸需求前是否擁有完全產權住房的啞變量，僅當家庭在有創業信貸需求前有完全產權住房時賦值為 1，否則賦值為 0。同時，控制變量 X 中的非住房資產（nhasset）不包括家庭工商業資產，這是為了避免信貸配給與工商業資產規模相互影響造成內生性問題。除控制變量 X 外，我們還控制了信貸需求發生年份①時間固定效應與行業固定效應。

表 5-8 報告了式（5.9）的估計結果，模型（1）、（2）、（3）是 OLS 估計，模型（3）、（4）、（5）是 Heckman 模型估計，p_1 與 p_2 在 Heckman 模型中均聯合顯著，應採用 Heckman 模型估計結果。模型（4）考察了是否擁有住房（hous_hold）對創業信貸服務配給的影響，hous_hold = 1 表示家庭在有創業信貸需求前擁有住房，參照組為不擁有。我們發現，擁有住房（hous_hold）並不能顯著降低服務配給的概率。而在模型（5）中，擁有完全產權住房可使家庭的創業信貸需求受到服務配給的概率下降 0.258，且在 1% 的統計水準上顯著。同時，模型（6）的估計結果顯示，擁有完全產權住房的家庭的創業信貸需求受到服務配給的概率比擁有不完全產權住房的家庭顯著低 0.302。由此表明，導致模型（1）中擁有住房對創業信貸服務配給影響不顯著是因為受到不完全產權住房的干擾。

表 5-8　　　　　　　　住房產權與創業信貸服務配給

	OLS			Heckman 模型		
	（1）全樣本	（2）全樣本	（3）有房家庭	（4）全樣本	（5）全樣本	（6）有房家庭
hous_hold	-0.013 (0.046)			0.092 (0.145)		

---

① CHFS 詢問了經營工商業家庭獲得借款的年份，對於沒有獲得借款但又有創業信貸需求的家庭，我們假定其信貸需求發生於創業開始時期。

表5-8(續)

	OLS			Heckman 模型		
	(1) 全樣本	(2) 全樣本	(3) 有房家庭	(4) 全樣本	(5) 全樣本	(6) 有房家庭
full_right		-0.155*** (0.039)	-0.148*** (0.043)		-0.258*** (0.087)	-0.302*** (0.105)
Ln(housasset)	-0.003 (0.005)	-0.000 (0.005)	-0.017 (0.012)	-0.005 (0.006)	0.000 (0.005)	-0.016 (0.012)
Ln(nhasset)	-0.047*** (0.011)	-0.045*** (0.011)	-0.055*** (0.014)	-0.025 (0.020)	-0.045*** (0.011)	-0.054*** (0.014)
Ln(busiasset)	-0.020*** (0.005)	-0.019*** (0.005)	-0.017*** (0.006)	-0.019** (0.009)	-0.015*** (0.006)	-0.008 (0.008)
hous_debt	0.052 (0.038)	0.066* (0.037)	0.073* (0.044)	0.054 (0.039)	0.070* (0.037)	0.080* (0.045)
family_num	-0.007 (0.010)	-0.009 (0.010)	-0.007 (0.013)	-0.039* (0.023)	-0.008 (0.010)	-0.007 (0.013)
health_num	-0.023 (0.019)	-0.019 (0.019)	-0.046** (0.023)	0.033 (0.038)	-0.021 (0.019)	-0.047** (0.023)
head_age	-0.024*** (0.009)	-0.026*** (0.009)	-0.019* (0.011)	-0.015 (0.018)	-0.026*** (0.009)	-0.020* (0.011)
age_sqr	0.000** (0.000)	0.000** (0.000)	0.000 (0.000)	0.000 (0.000)	0.000*** (0.000)	0.000 (0.000)
urban	-0.002 (0.038)	0.014 (0.038)	0.042 (0.046)	-0.038 (0.072)	0.026 (0.039)	0.064 (0.048)
head_edu	-0.007 (0.005)	-0.005 (0.005)	-0.001 (0.006)	-0.016 (0.010)	-0.004 (0.005)	-0.000 (0.006)
head_male	0.012 (0.039)	0.009 (0.039)	0.042 (0.046)	-0.020 (0.072)	-0.000 (0.039)	0.032 (0.047)
head_married	0.072 (0.062)	0.076 (0.062)	0.052 (0.076)	0.069 (0.118)	0.077 (0.062)	0.055 (0.076)
risk_prefer	0.079** (0.039)	0.076* (0.039)	0.110** (0.047)	-0.014 (0.078)	0.079** (0.039)	0.114** (0.047)
bianzhi	-0.104** (0.046)	-0.095** (0.046)	-0.124** (0.055)	0.091 (0.121)	-0.092** (0.046)	-0.120** (0.056)

表5-8(續)

	OLS			Heckman 模型		
	(1) 全樣本	(2) 全樣本	(3) 有房家庭	(4) 全樣本	(5) 全樣本	(6) 有房家庭
$govfirm$	0.060	0.063	0.077	0.093	0.056	0.068
	(0.075)	(0.075)	(0.084)	(0.173)	(0.075)	(0.084)
$security$	0.037	0.040	0.054	0.060	0.041	0.058
	(0.034)	(0.033)	(0.039)	(0.066)	(0.034)	(0.039)
$Ln(gdp)$	−0.039	−0.035	−0.046	−0.069	−0.034	−0.043
	(0.030)	(0.030)	(0.033)	(0.043)	(0.030)	(0.034)
$rural$	0.033	0.010	−0.023	−0.015	0.004	−0.042
	(0.043)	(0.042)	(0.049)	(0.101)	(0.042)	(0.050)
p_1				−0.173	0.075	0.096
				(0.137)	(0.062)	(0.071)
p_2				0.001	0.021**	0.085**
				(0.004)	(0.009)	(0.037)
城市啞變量	YES	YES	YES	YES	YES	YES
行業固定效應	YES	YES	YES	YES	YES	YES
$constant$	2.563***	2.461***	2.789***	2.082***	2.340***	2.349***
	(0.348)	(0.341)	(0.467)	(0.639)	(0.390)	(0.546)
N	1,119	1,119	802	1,119	1,119	802
R^2	0.406	0.417	0.475	0.418	0.419	0.477

註：各列括號裡是 Cluster 到社區層面的聚類穩健標準誤。表中被解釋變量均為家庭創業信貸需求是否受到服務配給的啞變量。此表對城市啞變量、行業固定效應、信貸需求年份啞變量均進行了控制，為節約篇幅，未予以匯報，若需要，可向作者索取。上標「***」「**」「*」分別表示在1%、5%和10%的統計水準上顯著。

接下來，我們考察信貸配給的另一種類型——數量配給（Quantity Ration），即銀行向家庭提供的貸款額度不能滿足家庭的借款需求（Stiglitz & Weiss, 1981；朱喜，李子奈，2006）。我們採用兩個指標衡量數量配給：一是直接考察實際獲得的貸款規模（credit_scale）；二是信貸滿足度（credit_satisfy），即信貸需求規模最終被銀行滿足的比例。①

表5-9中的模型（1）、（2）分別是以實際獲得的創業信貸額度對數、信

---

① CHFS 問卷中詳細詢問了獲得銀行貸款與申請被拒兩類創業家庭的信貸需求規模，問題編號為 b3001、b3002。

貸規模滿足度作為數量配給代理變量的 OLS 估計結果,模型(3)、(4)是相對應的 Heckman 模型估計,p_1 與 p_2 在 Heckman 模型中均聯合不顯著,應採用 OLS 估計結果。OLS 估計結果顯示,擁有完全產權住房的家庭獲得的創業信貸規模比其他家庭高 76.9%,在 1% 統計水準上顯著,同時,擁有完全產權住房的家庭的創業信貸規模滿足度比其他家庭高 39.0%,在 10% 統計水準上顯著。

表 5-9　　　　　　　　住房產權與創業信貸數量配給

	OLS		Heckman 模型	
	(1) $Ln(credit\_scale)$	(2) $Ln(credit\_satisfy)$	(3) $Ln(credit\_scale)$	(4) $Ln(credit\_satisfy)$
$full\_right$	0.769***	0.390*	0.480	0.451
	(0.257)	(0.207)	(1.449)	(0.473)
控制變量	YES	YES	YES	YES
城市啞變量	YES	YES	YES	YES
行業固定效應	YES	YES	YES	YES
信貸需求年份啞變量	YES	YES	YES	YES
p_1			0.436	0.070
			(0.783)	(0.420)
p_2			-0.110	-0.103
			(0.145)	(0.089)
$constant$	-6.988***	1.252	-6.015***	0.596
	(2.127)	(0.938)	(2.208)	(1.119)
N	555	554	555	554
R^2	0.655	0.584	0.664	0.564

註:各列括號裡是 Cluster 到社區層面的聚類穩健標準誤。為節約篇幅,此處未匯報控制變量的估計結果。上標「***」「**」「*」分別表示在 1%、5% 和 10% 的統計水準上顯著。

上述分析表明,擁有可抵押的完全產權住房不僅可以幫助家庭更容易地獲得銀行信貸,而且可以提高創業信貸需求的滿足度,若完全產權住房是由於可抵押而幫助家庭獲取信貸,那麼,擁有可抵押的完全產權住房的家庭更有可能獲得抵押貸款。CHFS 詢問了工商業貸款的類型,包括抵押貸款、質押貸款、保證貸款與信用貸款。我們構造家庭是否獲得抵押貸款($mortgage$)的啞變量,$mortgage=1$ 表示獲得工商業抵押貸款,參照組為獲得其他類型貸款的家庭。

表 5-10 報告了住房能否幫助創業家庭獲得抵押貸款的估計結果,由於 p_1 與 p_2 在 Heckman 模型中均聯合不顯著,不能拒絕 OLS 估計一致的原假設,因此,我們仍然相信 OLS 的估計是一致可信的。OLS 估計結果顯示,擁有住房並

不能幫助家庭獲得抵押貸款,但擁有完全產權住房可使家庭獲得抵押貸款的概率增加 0.166,在 5% 的統計水準上顯著。同時,對於有房家庭,擁有完全產權住房的家庭獲得抵押貸款的概率比擁有不完全產權住房的家庭顯著高 0.196。可見,只有可抵押的完全產權住房才能幫助創業家庭獲得抵押貸款,而不完全產權住房則不能發揮幫助創業家庭獲得抵押貸款的作用。

表 5-10　　　　　　　　　住房產權與創業抵押貸款

	OLS			Heckman 模型		
	(1) 全樣本	(2) 全樣本	(3) 有房家庭	(4) 全樣本	(5) 全樣本	(6) 有房家庭
$hous\_hold$	−0.001 (0.136)			0.410 (1.034)		
$full\_right$		0.166** (0.071)	0.196** (0.078)		0.350 (0.367)	0.480 (0.430)
p_1				0.177 (0.496)	−0.094 (0.177)	−0.125 (0.203)
p_2				4.899* (2.718)	−0.213 (2.180)	−1.811 (2.991)
$constant$	−0.867 (0.760)	−0.668 (0.747)	0.226 (0.988)	−10.072*** (2.822)	−0.701 (0.748)	0.341 (0.997)
N	455	455	400	455	455	400
R^2	0.451	0.463	0.488	0.486	0.464	0.490

註:各列括號裡是 Cluster 到社區層面的聚類穩健標準誤。表 5-10 中被解釋變量均為獲得的創業貸款是否為抵押貸款啞變量。此表對控制變量、城市啞變量、行業固定效應、信貸需求年份啞變量均進行了控制,為節約篇幅,未予以匯報,若需要,可向作者索取。上標「***」「**」「*」分別表示在 1%、5% 和 10% 的統計水準上顯著。

2. 住房緩解創業信貸配給的穩健性檢驗

上述對住房與創業信貸配給之間關係的分析存在一個不足,即創業信貸需求發生的時間位於過去,儘管我們可以界定獲得住房與發生創業信貸需求的先後順序,但其餘控制變量只能採用當前的觀測值,比如,我們無法保持家庭在發生創業信貸需求時的財富水準,因此只能用當前的財富水準作為代理變量。針對這一問題,我們採用 CHFS 2014 年第一季度的電話回訪數據對住房產權與信貸配給之間的關係進行穩健性檢驗,即根據家庭 2013 年調查時的統計信息預測家庭 2014 年第一季度的信貸滿足程度。在季度電話回訪數據中,CHFS 詳細詢問了家庭從 2013 年訪問結束(2013 年 9 月)到 2014 年第一季度末是否有

借款需求①，並進一步詢問了該借款需求是否被滿足，包括：完全滿足、部分滿足、沒有滿足。在2014年第一季度的電話回訪數據中，回答有借款需求並進一步回答了滿足程度的家庭為1,135戶，其中，完全滿足的比例為23.9%，部分滿足的比例為28.3%，沒有滿足的比例為47.8%。

表5-11報告了以2014年第一季度回訪數據中家庭借款需求是否獲得滿足作為因變量的估計結果。其中，借款需求是否獲得滿足為啞變量，沒有獲得滿足取值為1，獲得滿足取值為0，除本章中已採納的控制變量外，我們還對借款用途進行了控制②。OLS與Heckman模型估計結果均顯示，家庭能否獲得借款需求與是否有房並無顯著聯繫。然而，擁有完全產權住房可顯著降低有借款需求家庭無法獲得借款的概率，全樣本下，修正自選擇後的Heckman模型估計值為-0.232，在10%統計水準上顯著，對於有房家庭，擁有完全產權住房的家庭獲得借款的概率比擁有不完全產權住房的家庭顯著高0.262。這與前文發現一致，由此可見，上一小節的估計結果是穩健、可信的。

表5-11　　　　　住房產權與創業信貸配給穩健性檢驗

	（1）全樣本	（2）全樣本	（3）有房家庭	（4）全樣本	（5）全樣本	（6）有房家庭
hous_hold	-0.013			-0.264		
	(0.101)			(0.170)		
full_right		-0.147***	-0.146***		-0.232*	-0.262**
		(0.047)	(0.050)		(0.119)	(0.124)
控制變量	YES	YES	YES	YES	YES	YES
城市啞變量	YES	YES	YES	YES	YES	YES
借款用途	YES	YES	YES	YES	YES	YES
p_1				0.332	0.085	0.116
				(0.258)	(0.103)	(0.107)
p_2				0.003	-0.018	-0.016
				(0.003)	(0.014)	(0.015)
constant	0.871**	0.769*	0.492	0.489	0.748*	0.458
	(0.398)	(0.394)	(0.473)	(0.738)	(0.432)	(0.515)

---

①　借款需求包括正規金融和民間借款需求，CHFS季度回訪數據中未分別詢問兩種類型的借款需求。季度樣本從2013年獲得的28,143戶家庭中隨機抽取，具有全國代表性，2014年第一季度的樣本量為5,307戶家庭。

②　CHFS 2014年第一季度回訪的問卷中詳細詢問了家庭借款需求的用途，包括經商、買房、教育、醫療、消費5類。

表5-11(續)

	（1） 全樣本	（2） 全樣本	（3） 有房家庭	（4） 全樣本	（5） 全樣本	（6） 有房家庭
N	1,135	1,135	1,030	1,135	1,135	1,030
R^2	0.175	0.183	0.195	0.195	0.202	0.212

註：各列括號裡是 Cluster 到社區層面的聚類穩健標準誤。表5-11中被解釋變量均為2014年第一季度家庭借款需求是否獲得滿足啞變量。為節約篇幅，此處未匯報控制變量的估計結果。上標「***」「**」「*」分別表示在1%、5%和10%的統計水準上顯著。

5.5.4 住房影響創業的其他渠道分析

至此，我們已發現擁有可抵押的完全產權住房能夠通過緩解創業融資約束來促進創業，且完全產權住房顯著提高了家庭在創業過程中獲得抵押貸款的可能性，但住房除了可直接用於抵押而獲取融資外，還能充當貸款人來甄別借款人風險的「信號」，即貸款人通過借款人提供的房產證明甄別借款人的還款能力，而並不一定要求借款人抵押房產①。若住房影響創業的這一影響渠道存在，我們有理由相信住房的「信號」甄別功能在非正規金融市場上更有效②，因為，非正規金融市場缺乏制度的監管，人與人之間的借貸主要靠個人信用。因此，我們通過分析住房對家庭創業過程中參與非正規金融市場的影響來間接檢驗上述影響渠道。

表5-12報告了相應的估計結果，表中的因變量均為家庭目前因經營工商業是否參與非正規金融市場，以 informal 表示該變量，informal = 1 表示家庭目前因經營工商業參與了非正規金融市場，否則取值為0。OLS 估計可能存在兩方面的內生性問題，一是住房產權與遺漏變量相關造成的內生性，二是有完全產權住房的家庭可能更傾向於參與正規金融市場，由此可能導致本部分的估計結果是家庭自選擇的結果。因此，我們直接報告解決了內生性問題後的 Heckman 模型估計結果。估計結果顯示，在所有模型中，信貸配給（service_ration）變量均顯著為正，這表明受到信貸服務配給的家庭參與非正規金融市場的概率顯著高於其他家庭。進一步地，模型（1）的交叉項系數顯著為正，其含義為在正規金融市場受到信貸配給的家庭，擁有住房可顯著提高其在非正

---

① 比如上海通用汽車金融有限公司明確規定消費者在申請汽車信貸時應提供房產證明文件，但並不一定要求消費者抵押房產。詳見網址：http://www.gmacsaic.net/Loan_QA.aspx。

② 非正規金融市場是指除銀行外的其他融資渠道，比如親戚朋友、民間借款組織等。

規金融市場獲得借款的可能性，但若去掉擁有完全產權住房的家庭樣本，即模型（2），交叉項系數將變得不顯著，即擁有不完全產權住房不能幫助受到信貸配給的家庭獲取非正規金融借款，模型（3）、（4）中的交叉項系數均顯著為正，這表明擁有完全產權住房可顯著提高受到正規金融信貸配給的家庭獲得非正規金融借款的概率。由此可見，非正規金融市場是對正規金融市場的有力補充，這與劉西川等（2014）的研究結論一致，且完全產權住房可通過增加家庭信用來幫助受到正規金融信貸配給的創業家庭在非正規金融市場獲得借款①，而不完全產權住房則不具有上述功效。遺憾的是，現有數據無法幫助我們識別住房在正規金融市場緩解融資約束的兩種影響渠道，這也是未來可進一步研究的課題。

表 5-12　住房與創業非正規金融市場參與（Heckman 模型）

	（1）全樣本	（2）去掉完全產權住房家庭	（3）全樣本	（4）有房家庭
hous_hold	−0.668	−0.190		
	(0.462)	(0.561)		
hous_hold * service_ration	0.126*	0.054		
	(0.075)	(0.088)		
service_ration	0.189***	0.197***	0.237***	0.273***
	(0.060)	(0.068)	(0.039)	(0.057)
full_right * service_ration			0.194**	0.166*
			(0.082)	(0.092)
full_right			−0.529	−0.937
			(0.650)	(0.771)
控制變量	YES	YES	YES	YES
城市啞變量	YES	YES	YES	YES
行業固定效應	YES	YES	YES	YES
借款需求年份啞變量	YES	YES	YES	YES
p_1	0.268	0.040	0.123	0.294
	(0.241)	(0.288)	(0.244)	(0.287)

---

① 我們假定非正規金融市場的借貸不需要抵押品，這樣住房對家庭獲得非正規金融借款的影響就是信用渠道。CHFS 2013 年調查數據顯示，98.53%的非正規金融創業借款無抵押。

表5-12(續)

	(1) 全樣本	(2) 去掉完全產權住房家庭	(3) 全樣本	(4) 有房家庭
p_2	0.722*	0.735	1.563***	1.971**
	(0.432)	(0.460)	(0.578)	(0.915)
constant	0.024	0.065	0.160	−0.448
	(0.636)	(0.702)	(0.458)	(0.603)
N	1,121	818	1,121	802
R^2	0.367	0.423	0.361	0.394

註：各列括號裡是 Cluster 到社區層面的聚類穩健標準誤。表 5-12 中的被解釋變量均為家庭創業是否有非正規金融借貸啞變量。為節約篇幅，此處未匯報控制變量的估計結果。上標「***」「**」「*」分別表示在1%、5%和10%的統計水準上顯著。

5.6 結論與政策建議

　　本章利用中國家庭金融調查 2011 年與 2013 年的微觀家庭數據，研究了住房在家庭創業過程中的重要作用。我們發現，住房對家庭創業的影響依賴於住房是否具有完整的產權。具體結論為：第一，擁有可抵押的完全產權住房可使家庭參與創業的概率顯著提高約 0.124，且這一正向促進作用在房價上升得更快的地方更明顯；第二，擁有可抵押的完全產權住房可使家庭退出創業的概率顯著降低 0.489；第三，擁有可抵押的完全產權住房可使有創業信貸需求的家庭獲得銀行貸款的概率顯著提高 0.735，可使家庭的創業信貸需求滿足度提高 66.4%；第四，擁有可抵押的完全產權住房的家庭更有可能獲得抵押貸款；第五，擁有完全產權住房可顯著提高受到正規金融市場信貸配給的家庭獲得非正規金融借款的概率。相反，對於無房或擁有不完全產權住房的家庭，上述效應並不顯著。這些證據均表明，可抵押的住房通過緩解創業融資約束促進了家庭參與創業，不可抵押的住房無助於家庭創業。

　　本章的研究具有重要的政策含義。由於不完全產權住房主要集中於農村地區，而 2013 年，中共中央第十八屆三中全會通過的《中共中央關於全面深化改革若干重大問題的決定》中明確提出：「賦予農民更多財產權利，保障農戶宅基地用益物權，改革完善農村宅基地制度，選擇若干試點，慎重穩妥推進農民住房財產權抵押、擔保、轉讓，探索農民增加財產性收入的渠道。」本章的

研究結論為政府實施城鄉統一的住宅建設用地市場的改革政策提供了證據支撐，准許農民住房財產可抵押、可擔保，可進一步提高整個經濟社會的創業活力。近年來，為拓寬農民融資渠道，促進農民創業增收，一些地方已開始准許農民將住房用於抵押貸款，比如萊蕪市與成都市[①]，未來對這些地方政策實施效果的評估可對本章的結論予以進一步驗證。

---

① 詳見《萊蕪市集體土地房屋抵押貸款管理辦法（試行）》（2009）、《成都市農村房屋抵押融資管理辦法（試行）》（2010）。

6 房價對傳統婚姻觀、生育觀與養老觀的影響

高房價促使許多學者關注其對居民或企業微觀經濟行為的影響，已有文獻從居民消費或儲蓄（顏色，朱國鐘，2013；陳斌開，楊汝岱，2013）、財產不平等（陳彥斌，邱哲聖，2011）、家庭創業（Lixing Li & Xiaoyu Wu, 2014）、企業創新（王文春，等，2014）等方面展開了豐富的研究。但是，鮮有文獻從社會學的角度進行研究。本章正是在這樣的背景下，利用中國家庭金融調查2013年的最新微觀數據，深入分析房價是否改變了人們傳統的婚姻觀、生育觀與養老觀，並利用全國 2005—2012 年 330 個地級以上城市的面板數據分析了房價對人口出生率的影響，為轉型時期中國生育政策的制定與社會保障制度的完善提供參考依據。

6.1 文獻回顧

受制於微觀數據的缺乏，鮮有研究採用實證分析的方法研究婚姻觀、生育觀與養老觀，綜合考察房價對這三者的影響的研究就更少了。對於婚姻觀，紀秋發（1995）基於在北京市的機關、廠礦和學校等十個單位的調查數據進行分析發現，僅有 31.6% 的北京青年讚同「男大當婚、女大當嫁」的婚姻觀，甚至還有 25.7% 的比例向往單身生活。他們的調查結果還顯示，人們在擇偶時更加注重雙方的感情基礎以及對方的氣質與性格，而異性的才能與身高在所有的標準中位居最後。盧淑華（1997）利用 1996 年在北京市四個城區的抽樣調查數據進行分析發現，「忠誠」是婚姻幸福的首要條件，而「收入」「住房」則顯得並不那麼重要。吳雪瑩等（1996）從報刊中搜集了 1,000 份徵婚啟事資料，通過與李銀河（1989）的研究結果進行對比分析後發現，人們在擇偶過

程中越來越重視是否擁有住房。徐安琪（2000）基於1996年在上海、哈爾濱對3,200名已婚男女的入戶訪問數據進行研究發現，不同年代的擇偶標準差異很大，但經濟因素，特別是住房越來越成為人們更看重的擇偶條件。Mulder和Wagner（1998）通過對英國的研究發現，擁有住房對於組成家庭有重要作用，洪彩妮（2012）利用中國2004—2008年的省際面板數據進行研究發現，房價增長速度每提升1個百分點，初婚率將下降約0.02個千分點。

相對於婚姻觀，生育觀得到了更多學者的關注，其原因在於生育觀是決定生育行為變化的主要因素（De Silva, 1991；邵夏珍，1999）。生育觀也稱為生育意願，是指人們對終身生育孩子數和性別的期望，它包括兩個維度：一是意願生育孩子的數量；二是意願生育孩子的性別（莫麗霞，2005）。在意願生育孩子的數量方面，陳宇、鄧昌榮（2007）基於CHNS數據的研究發現，個體的年齡、受教育程度、是否擁有社會保險對意願生育孩子的數量有顯著影響，而農村家庭仍體現出比城市家庭更高的意願生育孩子的數量。尤丹珍、鄭真真（2002）發現，外出可顯著減少婦女的理想子女數。陳衛、靳永愛（2011）基於2001年全國生殖健康調查數據進行研究發現，中國婦女的理想子女數低於實際子女數，他們的分析表明造成這一現象的主要原因是性別偏好。在意願生育孩子性別方面，莫麗霞（2005）的研究發現，絕大多數農村居民的生育目的都有強烈的男性價值取向，其中，「傳宗接代」和「養兒防老」的傳統觀念為性別偏好普遍存在的根本原因。鄭真真（2004）同樣基於2001年全國生殖健康調查數據進行研究發現，總體來看，已不存在顯著的生育性別偏好，但農村地區的性別偏好仍存在，在意願生育1個孩子的家庭中，生男偏好的占比為19%，比生女偏好高出9個百分點，研究還發現，中國大部分城市和部分農村地區的生育意願已經非常低，育齡婦女想要3個及以上孩子的比例僅為7%，「多子多福」的觀念日漸弱化。莊亞兒等（2014）基於對2013年全國生育意願調查數據的分析發現，當前人們仍顯示出強烈的男性偏好，這可能與該調查樣本中農業戶籍樣本占比高達72.4%有關。賈志科（2009）總結了中國20世紀50年代以來生育意願的變化趨勢，總體上，城鄉居民理想子女數都有隨年代更替而下降的趨勢，城市居民的男孩偏好明顯減弱，部分城市甚至出現對女孩的偏好，農村居民的男孩偏好隨年代更替有所減弱，但仍存在。一些學者也發現，高房價顯著降低了實際生育率的證據（Emisch, 1988；易君健、易行健，2008；Pan & Xu, 2012；Dettling, et al., 2014），但尚未有證據表明高房價改變了生育意願。

大量關於生育意願的研究結果幾乎一致表明，隨著社會的發展，人們逐漸

摒棄了「多子多福」「重男輕女」「養兒防老」的傳統生育理念。造成這一變化的主要原因是子女的養育成本越來越高（楊菊華，2008），而房價的快速上升是推高子女養育成本的主導力量。按照中國傳統，父母應為兒子準備一套婚房，高房價加劇了男性家庭的結婚成本，男性家庭父母不僅失去了「養兒防老」的優勢，還長期面臨被「啃老」的局面。劉汶蓉（2012）的研究發現，當前存在父母給予子女的經濟幫助大於子女給予父母的經濟幫助的現象，但這一代際失衡並不能歸因為「孝道衰落」，而是青年人普遍面臨的社會壓力向父母轉嫁導致的，比如高房價導致青年人在購房時不得不求助於父母，從而減少了對父母的贍養與幫助。這也從側面表明，父母可能為減輕子女的購房負擔而不得不為子女籌集首付、償還房貸等，這可能掏空父母為養老而進行的儲蓄，從而可能加劇父母年老時對子女的依賴。

綜上，當前文獻為我們認識中國婚姻觀、生育觀與養老觀的演變提供了豐富的參考，但仍存這些不足：第一，研究成果主要以局部地區的個案調查分析為主，調查結論難以推及全國；第二，婚姻觀、生育觀與養老觀是隨著社會的發展不斷變化的，過去的調查結論需要在當前經濟環境下重新經受檢驗；第三，研究方法大多採用描述統計法，缺乏採用現代計量模型的實證分析，對於少量採用計量方法進行研究的文獻，也沒有對計量經濟學中普遍存在的內生性問題（Endogeneity Problem）進行討論；第四，尚未有文獻在一個統一的框架下探討高房價對婚姻觀、生育觀與養老觀的影響。

相較於以往的研究，本章的創新在於：第一，CHFS 是一項具有全國代表性的調查，基於該數據的分析可以彌補個案分析難以普遍推及全國的不足。第二，採用 CHFS 2013 年的數據進行分析更具時效性，研究結論可為當前婚姻、生育、養老政策的制定提供參考。第三，本章利用工具變量兩階段估計（2SLS）修正了計量模型中可能存在的內生性問題，可以得到更加可信的結論。第四，本章首次分析了中國房價對婚姻觀、生育觀與養老觀的影響，彌補了這方面研究的空白，有助於全面理解高房價導致的家庭行為的非正常改變。

6.2 數據來源、變量與描述統計

CHFS 僅在 2013 年的第二輪調查中詢問了婚姻、生育、養老觀，因此，本章以 2013 年的調查數據作為分析樣本。同時，CHFS 社區問卷中還詳細詢問了社區（村）的房價信息，受訪對象為各居（村）委會領導，這是本章分析中房價變量的來源。

本章對婚姻觀、生育觀與養老觀的度量來源於 CHFS 問卷中受訪者的主觀回答，如下：

第一，婚姻觀的度量。對婚姻觀的度量有兩個指標：一是對「男大當婚、女大當嫁」的認識，我們用能否接受子女單身的啞變量來衡量，若能接受則其取值為 1，否則取值為 0①。二是對擇偶觀的認識，我們主要考察擇偶時是否更看重經濟條件，若更看重經濟條件則對應啞變量取值為 1，否則取值為 0②。

第二，生育觀的度量。對生育觀的衡量有三個指標：一是能否接受子女不要小孩的啞變量，「1」表示能接受，「0」表示不能接受或無所謂③；二是是否更偏好生育女孩的啞變量，「1」表示更喜歡女孩，「0」表示更喜歡男孩或都喜歡④；三是生育孩子的目的中是否包含「養兒防老」的啞變量，若包含，則其取值為 1，否則取值為 0⑤。

第三，養老觀的度量。對養老觀的衡量有兩個指標：一是是否認為子女應當承擔父母養老責任的啞變量，若希望主要由子女承擔父母養老，則其取值為 1，否則取值為 0⑥；二是是否希望年老時與子女同住的啞變量，「1」表示希望同住，「0」表示獨自居住或住養老院⑦。

本章最關鍵的解釋變量是房價。房價信息來源於 CHFS 社區問卷中對居（村）委會領導的直接詢問，即「按照目前的市場價格，本社區/村的住宅一平方米平均多少錢？（元/平方米）」（問題編號 CA20b）。由於農村地區住房價格並不能反應該地區真實的房價水準，我們以城鎮社區/村的房價信息計算其對應區/縣的平均房價來衡量該地區家庭面臨的購房壓力。我們沒有採用國家統計局公布的各省房價進行分析的原因有三點：一是各省房價缺乏足夠的變

---

① 對應 CHFS 問卷中的問題為「如果您子女選擇單身，您能接受嗎？」，選項包括能、不能、無所謂。問題編號：H3016。
② 對應 CHFS 問卷中的問題為「您認為找對象的時候，什麼最重要？」，選項包括要有愛情、對方經濟條件好、相貌好、教育水準高、人品好、其他。問題編號：H3007。
③ 對應 CHFS 問卷中的問題為「如果您的子女選擇不生小孩，您的態度是？」，選項包括能、不能、無所謂。問題編號：H3017。
④ 對應 CHFS 問卷中的問題為「您覺得生男孩好，還是女孩好？」，選項包括男孩好、女孩好、一樣好。問題編號：H3013。
⑤ 對應 CHFS 問卷中的問題為「您覺得養兒育女的主要原因是什麼？」，選項包括傳宗接代、喜歡小孩、基於感情的考慮、養兒防老、維持婚姻穩定。問題編號：H3014。該題目為多選。
⑥ 對應 CHFS 問卷中的問題為「您認為有子女的老人的養老應該主要由誰負責？」，選項包括主要由政府負責、主要由子女負責、主要由老人自己負責、政府/老人/子女責任均攤。問題編號：H3046。
⑦ 對應 CHFS 問卷中的問題為「您希望將來以什麼形式養老？」，選項包括住養老院、自己居住、和子女同住。問題編號：H3047。

化，這會影響計量模型估計的有效性；二是各省房價易受某些高房價或低房價城市極端值的影響，難以反應居民所在地的真實房價；三是 2011 年以前，國家統計局公布的房屋銷售價格指數主要基於房地產開發企業直報數據，普遍存在低報現象（陳斌開，楊汝岱，2014），雖然 2011 年後房屋銷售價格指數統計主要基於網簽數據，但數據的準確性可能仍需一定的過渡期。

圖 6-1 對比了根據 CHFS 2013 年數據計算的各省（直轄市、自治區）房價與統計局最新公布的 2012 年各省（直轄市、自治區）的房價。整體來看，二者走勢非常一致，但一些地區仍存在差異，比如統計局公布的北京、上海、天津的房價遠低於 CHFS 調查數據顯示的房價。同時，CHFS 未抽到海南省房價最高的三亞市，其房價遠低於統計局公布的數據，這也印證了若採用各省房價進行分析，其結果容易受某些高房價城市的影響。

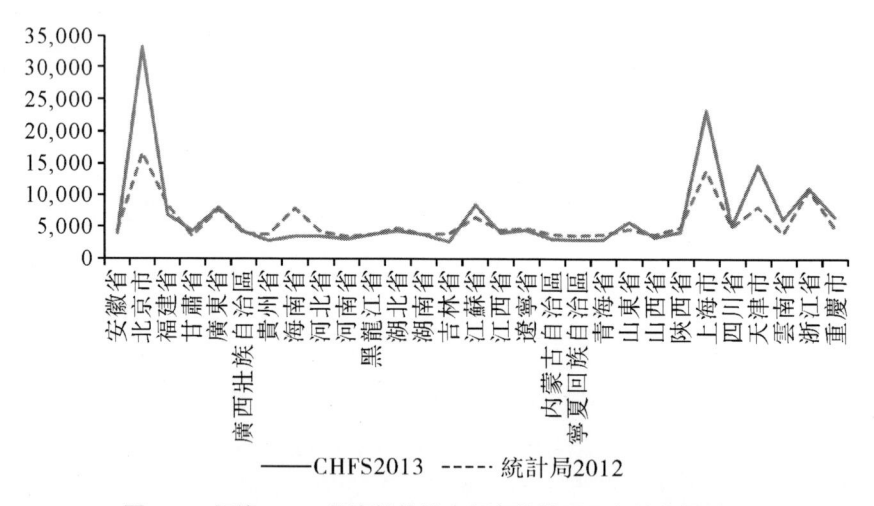

圖 6-1　根據 CHFS 數據計算的房價與統計局公布的房價對比

我們將房價按照從低到高的順序均等地劃分成四組，表 6-1 描述了各組房價所在地受訪者的婚姻觀、生育觀、養老觀。從婚姻觀來看，能接受子女單身的比例隨房價的上升而增加，但找對象更看重經濟條件的比例在高房價與低房價地區無明顯差別。從生育觀來看，能接受子女不要小孩、更喜歡女孩的比例隨著房價的上升而增加，養兒育女的目的是「養兒防老」的比例隨著房價的上升而減少。從養老觀來看，希望子女承擔養老責任的比例和希望與子女同住的比例都隨房價的上升而減少。當然，房價對婚姻觀、生育觀與養老觀的影響大小和方向如何還需要在控制其他因素及考慮房價的影響後才能得出可靠結論。

总体来看，当前人们的婚姻、生育、养老观已发生巨大变化，体现为这几点：第一，「多子多福」的观念逐渐被摒弃，能接受子女单身的比例高达28.3%，能接受子女不要小孩的比例高达38.8%；第二，「重男轻女」的观念已彻底改变，数据显示，17.6%的受访者更喜欢女孩，而喜欢男孩的比例仅为8.6%，73.8%的受访者表示对生男生女无所谓，在农村地区生女偏好的比例为10.3%，也高于生男偏好的9.5%（未在表中汇报），这与以往的调查研究结论完全不同（莫丽霞，2005；郑真真，2004；庄亚儿，2013）；第三，人们对子女的赡养需求从物质赡养向精神关爱转变，尽管仍有56.5%的受访者认为生育子女的目的是为「养儿防老」，但仅有38.6%的受访者计划依靠子女赡养养老。

表6-1　　　　　　　　房价与婚姻、生育、养老观

房价	婚姻观		生育观			养老观	
	能接受子女单身	更看重对象经济条件	能接受子女不要小孩	喜欢女孩	养儿防老	希望子女承担养老责任	希望与子女同住
最低25%	23.4%	5.4%	32.9%	13.3%	67.8%	47.0%	41.6%
25%~50%	22.1%	6.3%	32.6%	14.8%	66.0%	46.9%	39.6%
50%~75%	29.8%	6.0%	39.8%	17.8%	51.3%	35.6%	31.4%
最高25%	36.9%	5.9%	48.5%	23.9%	44.4%	27.8%	22.4%
总体	28.3%	5.9%	38.8%	17.7%	56.5%	38.6%	33.1%

注：数据来源于中国家庭金融调查2013年的调查数据。

除了房价外，CHFS还提供了丰富的家庭人口特征、家庭资产负债收入信息，根据以往文献的研究经验（陈卫，靳永爱，2011；陈宇，等，2007），我们对这些信息予以控制。主要包括受访者年龄、性别、民族、婚姻状况、身体健康状况、受教育程度、子女中男孩的比例、是否关注经济金融信息、风险偏好、户主户籍、家庭是否有党员、家庭是否经营工商业、家庭是否有成员具有社会保障、住房资产、除住房外的其他固定资产、金融资产、年总劳动收入、负债总额、城乡差异。其中，受教育程度根据受访者报告的学历换算而来，如「大学本科」记为22年；风险偏好由受访者的投资态度确定，若受访者愿意投资高风险、高回报和略高风险、略高回报的项目，则为风险偏好型，对应变量取值为1，否则取值为0；社会保障是指退休后是否有退休工资、养老保险等；金融资产包括存款、股票、基金、债券、理财产品、黄金等；非金融资产包括汽车、房产、土地、工商业资产、农业资产等。我们将住房资产与其他固定资产分开是为了考察住房财富在家庭婚姻、生育、养老行为中的作用；劳动收入包括务农、经商以及工资所得，劳动收入更能体现家庭的持久收入。所有

以貨幣度量的變量均根據居民消費者價格指數（CPI）換算為 2010 年的值。由於房價越高的地方，經濟越發達，人們的思想也越開放，為緩解房價與其他宏觀因素的相關性，我們還控制了地級以上城市的人均 GDP、男女性別比、進出口占 GDP 的比值、省份固定效應。在實際迴歸分析時，為減少極端值的干擾，我們對連續型變量均做對數化處理，因存在取值為 0 的情況，採取的方法是先加 1 再取對數。表 6-2 是解釋變量的定義與描述統計。

表 6-2　　　　　　　　解釋變量的定義與描述統計

變量名/變量含義	均值	方差	中位數	觀測值
hprice/各區縣房價（元/平方米）	7,856.70	8,497.03	4,500.00	26,415
landprice/城市地價（元/平方米）	4,096.41	19,414	1,083.99	27,535
housasset/住房資產（萬元）	56.43	124.94	20.00	26,826
nhasset/其他固定資產（萬元）	23.27	679.02	2.07	26,824
fasset/金融資產（萬元）	8.43	34.81	1.23	26,812
labor_inc/勞動收入（萬元）	15.33	472.10	2.72	26,826
debt/負債總額（萬元）	4.82	103.22	0	26,826
urban/戶主城鎮戶籍=1	0.44	0.50	0	26,826
age/受訪者年齡	50.15	14.95	50.00	26,826
edu/受訪者受教育年限	9.35	4.35	9.00	26,826
male/受訪者為男性=1	0.53	0.50	1.00	26,826
married/受訪者已婚=1	0.84	0.37	1.00	26,826
health/受訪者身體健康=1	0.45	0.50	0	26,826
partymem/黨員家庭=1	0.22	0.42	0	26,826
gov/公務員家庭=1	0.11	0.32	0	26,826
secur/有成員有養老保障=1	0.79	0.41	1.00	26,826
han/受訪者為漢族=1	0.87	0.34	1.00	26,826
entre/家庭經營工商業=1	0.14	0.35	0	26,826
man_ratio/受訪戶子女中男孩比例	0.52	0.42	0.50	26,826
eco_atten/關注經濟金融信息=1	0.12	0.32	0	26,826
risk_prefer/偏好風險=1	0.11	0.31	0	26,826
rural/農村地區=1	0.29	0.46	0	26,826
ave_gdp/人均 gdp（萬元）	5.21	2.84	4.58	27,535
sex_ratio/男女性別比	1.04	0.04	1.03	27,535
imexport_ratio/進出口額占 gdp 比重	0.35	0.47	0.17	27,535

註：表 6-2 中的城市地價為 2012 年各地級以上城市住宅用地均價，數據來源於中國指數研究院；人均 GDP、男女性別比、進出口額占 GDP 比重為 2012 年的值，數據來源於《中國區域經濟統計年鑒 2013》；其餘各變量均整理於中國家庭金融調查 2013 年的調查數據。

6.3 研究方法與計量模型設定

本小節中我們將介紹接下來的實證分析所採用的計量方法。本章的分析面臨遺漏變量導致的內生性問題：不可觀測的因素同時影響房價、婚姻觀、生育觀、養老觀，比如房價高的地區往往經濟也較發達，人們的思想更自由，容易接受新鮮事物，其對傳統婚姻觀、生育觀、養老觀的認識也更開放，因此，房價對婚姻、生育、養老觀的影響中包含思想開放程度、家庭對新鮮事物的接納程度等不可觀測因素的影響，遺漏這些變量可能導致模型對房價的估計產生偏誤。為了保證估計結果的穩健、可信，必須採用工具變量兩階段最小二乘估計（2SLS）以克服內生性帶來的估計偏差。工具變量選取的標準與內生變量相關，但與因變量不相關。本章中，我們選取地級以上城市每平方米住宅用地均價作為房價的工具變量，以 $landprice$ 表示該變量[①]。通常來講，地價是房屋成本的組成部分，但地價並不直接影響家庭的婚姻、生育、養老觀。基本的計量模型設定如下：

$$subjective\_attitude = \beta_0 + \beta_1 Ln(hprice) + \Gamma_1'X + \sum_j \lambda_j prov\_dummy_j + u_1 \tag{6.1}$$

$$Ln(hprice) = \gamma_0 + \gamma_1 Ln(landprice) + \Gamma_2'X + \sum_j \lambda_j prov\_dummy_j + v_2 \tag{6.2}$$

其中，$subjective\_attitude$ 為受訪者對婚姻、生育、養老的主觀態度，我們假定受訪者的這些態度由房價及其他家庭特徵變量所決定；$Ln(hprice)$ 表示受訪戶所在區/縣房價的對數值；X 代表一系列家庭特徵變量；$prov\_dummy$ 是省份虛擬變量。由於中國地域廣闊，各地風俗習慣、文化傳統差異很大，而且各地實行的計劃生育政策也不同（郭志剛，2003），這些因素都可能影響當地人的婚姻觀、生育觀、養老觀，通過控制省份啞變量可以避免受這些因素的影響。β_1 是我們關注的係數，表示房價對婚姻、生育、養老觀的邊際影響。式（6.2）是房價決定方程的簡約式，地價是僅影響房價的外生變量。我們採用 2SLS 來估計式（6.1）。

---

① 該變量的描述統計已在表 6-2 呈現。

6.4 實證結果分析

6.4.1 房價與婚姻觀

我們首先考察房價對婚姻觀的影響，表6-3中模型（1）、（2）分別是以「能否接受子女單身」與「擇偶時是否更看重對方經濟條件」作為因變量的OLS估計結果，模型（3）、（4）是與模型（1）、（2）相對應的2SLS估計結果。OLS和2SLS估計結果均顯示，高房價顯著提升了受訪戶接受其子女單身的概率，且使人們在擇偶時更看重對方的經濟條件。工具變量在2SLS估計的第一階段估計結果中均在1%的統計水準上顯著，這在一定程度上表明不存在弱工具變量（Weak IV）的問題。同時，對於「是否能接受子女單身」的估計，Hausman檢驗結果 p 值為0.010，在1%的統計水準上拒絕原假設，這表明OLS估計結果存在內生性問題，2SLS估計更可靠。2SLS估計的邊際效應顯示，房價每提高1倍可使受訪戶能接受子女單身的概率提高0.104，在樣本均值處，可使能接受子女單身的家庭戶數提高36.75%（0.104/0.283），房價提高具有顯著的經濟效應。對於「擇偶時是否更看重對方經濟條件」的估計，Hausman檢驗不能拒絕原假設，我們仍相信OLS估計是可信的，結果顯示，房價每提高1倍可使人們擇偶時更看重經濟條件的概率提高0.004，在10%的統計水準上顯著。

表6-3中控制變量的估計也體現出一些有意思的經濟現象。首先，對於能否接受子女單身而言，城鎮戶籍家庭比農業戶籍家庭更能接受子女單身；男性接受子女單身的可能性大於女性；受教育程度越高，越能接受子女單身；房產、非住房固定資產以及金融資產越高，能接受子女單身的概率越低，這體現出財富越多的家庭的遺贈動機更強的特點。其次，對於擇偶時是否更看重對方經濟條件而言，城鎮戶籍家庭比農業戶籍家庭擇偶時更看重對方經濟條件；黨員家庭擇偶時比非黨員家庭的經濟要求更低；男性受訪者擇偶時更看重經濟條件的概率顯著低於女性受訪者，這驗證了男性在婚姻市場的弱勢地位；教育程度、身體健康與否、金融資產規模顯著負向影響擇偶時對經濟條件的重視。

上述分析表明，高房價改變了人們「男大當婚、女大當嫁」的傳統婚姻觀，使父母更能接受子女單身，有研究表明，單身青年的增加與社會犯罪率呈顯著正相關（Mazur & Michalek, 1998；姜全寶，李波, 2011），因此，這一影響對社會發展是不利的。同時，高房價使人們擇偶時更加看重對方的經濟條件，這可能引發拜金主義而不利於婚後穩定。

表 6-3　　　　　　　　　　　　房價與婚姻觀

	OLS		2SLS	
	（1）能接受子女單身	（2）找對象更看重經濟條件	（3）能接受子女單身	（4）找對象更看重經濟條件
$Ln(hprice)$	0.020***	0.004*	0.104***	0.026**
	(0.006)	(0.002)	(0.029)	(0.012)
$Ln(housasset)$	-0.002**	0.000	-0.002**	0.000
	(0.001)	(0.000)	(0.001)	(0.000)
$Ln(nhasset)$	-0.005**	-0.003***	-0.004**	-0.003***
	(0.002)	(0.001)	(0.002)	(0.001)
$Ln(fasset)$	-0.003**	-0.004***	-0.004***	-0.004***
	(0.001)	(0.001)	(0.002)	(0.001)
$Ln(labor\_inc)$	0.000	0.001***	0.001	0.001***
	(0.001)	(0.000)	(0.001)	(0.000)
$Ln(debt)$	0.000	0.000	-0.000	0.000
	(0.001)	(0.000)	(0.001)	(0.000)
$urban$	0.061***	0.013***	0.050***	0.011**
	(0.009)	(0.004)	(0.010)	(0.004)
age	-0.007***	0.001*	-0.007***	0.001**
	(0.002)	(0.001)	(0.002)	(0.001)
$agesqr$	0.000***	-0.000	0.000***	-0.000*
	(0.000)	(0.000)	(0.000)	(0.000)
edu	0.007***	-0.002***	0.006***	-0.002***
	(0.001)	(0.001)	(0.001)	(0.001)
$male$	0.016**	-0.021***	0.018***	-0.020***
	(0.006)	(0.003)	(0.007)	(0.003)
$married$	-0.046***	-0.001	-0.047***	-0.000
	(0.005)	(0.011)	(0.005)	(0.011)
$health$	-0.012*	-0.008***	-0.012*	-0.008***
	(0.006)	(0.003)	(0.006)	(0.003)
$partymem$	-0.007	-0.014***	-0.006	-0.013***
	(0.008)	(0.004)	(0.008)	(0.004)
gov	-0.002	-0.006	0.002	-0.005
	(0.011)	(0.005)	(0.011)	(0.005)

表6-3(續)

	OLS		2SLS	
	(1) 能接受子女單身	(2) 找對象更看重經濟條件	(3) 能接受子女單身	(4) 找對象更看重經濟條件
secur	0.009	-0.005	0.008	-0.005
	(0.008)	(0.004)	(0.008)	(0.004)
han	-0.012	-0.004	-0.004	-0.002
	(0.010)	(0.005)	(0.011)	(0.005)
entre	-0.021**	-0.006	-0.021**	-0.006
	(0.009)	(0.005)	(0.009)	(0.005)
man_ratio	-0.002	-0.006	-0.002	-0.006
	(0.007)	(0.004)	(0.007)	(0.004)
eco_atten	-0.002	-0.009**	-0.002	-0.009**
	(0.010)	(0.004)	(0.010)	(0.004)
risk_prefer	0.062***	0.012**	0.060***	0.012**
	(0.011)	(0.005)	(0.011)	(0.005)
rural	-0.012	-0.007	0.009	-0.001
	(0.009)	(0.005)	(0.013)	(0.006)
$Ln(ave\_gdp)$	0.038***	0.006	-0.011	-0.007
	(0.011)	(0.005)	(0.021)	(0.008)
sex_ratio	-0.160	0.066	-0.150	0.066
	(0.136)	(0.073)	(0.157)	(0.075)
imexport_ratio	-0.007	-0.000	-0.038**	-0.009
	(0.014)	(0.008)	(0.016)	(0.010)
省份啞變量	YES	YES	YES	YES
constant	0.110	-0.037	-0.016	-0.071
	(0.213)	(0.117)	(0.247)	(0.120)
N	22,436	25,889	22,436	25,889
$Adjust-R^2$	0.047	0.011	0.034	0.008
一階段 $IV p$ 值			0.000	0.000
Hausman 內生性檢驗 p 值		0.010	0.364	

註：括號裡是聚類到社區/村的穩健標準誤。上標「***」「**」「*」分別表示在1%、5%和10%的統計水準上顯著。此處未匯報省份啞變量的估計值，若需要，可向作者索取。

6.4.2 房價與生育觀

接下來，我們考察房價對家庭生育觀的影響，表6-4報告了房價影響生育觀的估計結果。其中，模型（1）、（2）、（3）是OLS估計結果，模型（4）、（5）、（6）是2SLS估計結果。可以發現，Hausman內生性檢驗p值分別為0.010、0.606、0.404，因此，對「能接受子女不要小孩」的估計應採用2SLS估計結果，其餘兩項衡量生育觀的估計應採用OLS估計結果。結果顯示，其他因素不變，房價每提高1倍，能接受子女不要小孩的概率將增加0.111，生女偏好的概率將增加0.010，養育子女的目的中包含「養兒防老」觀念的概率將減少0.040，這些影響均至少在5%的統計水準上顯著。由此可見，高房價正在逐漸改變傳統的「多子多福」「重男輕女」「養兒防老」的生育觀，短期來看，這有助於調節當前嚴重失衡的男女性別比，但長期來看，與傳統生育觀所造成的性別比失衡的危害相似，高房價可能干擾男女性別比的自然迴歸，並有使性別比向另一個方向失衡的風險。

表6-4的估計結果還顯示：城鎮戶籍家庭比農業戶籍家庭表現出更高的生育壓力，他們更能接受子女不要小孩，生女偏好的願望更強烈，「養兒防老」的觀念也更弱。非金融資產與金融資產對生育觀的影響存在差異，非金融資產越高，能接受子女不要小孩的概率越低，但金融資產並不顯著影響子女的生育需求，且金融資產越高，生女偏好的願望越強烈，「養兒防老」的觀念也越弱。這可能與非金融資產、金融資產的遺贈屬性不同相關，非金融資產流動性差，多數情況下只能作為遺產留給子女，其對家族延續後代的影響更強。

表6-4　　　　　　　　　　　房價與生育觀

	OLS			2SLS		
	（1）能接受子女不要小孩	（2）喜歡女孩	（3）養兒防老	（4）能接受子女不要小孩	（5）喜歡女孩	（6）養兒防老
$Ln(hprice)$	0.020***	0.010**	-0.040***	0.111***	0.038	-0.001
	(0.007)	(0.004)	(0.006)	(0.035)	(0.026)	(0.041)
$Ln(housasset)$	-0.003***	-0.001*	0.001*	-0.003***	-0.001**	0.001*
	(0.001)	(0.001)	(0.001)	(0.001)	(0.001)	(0.001)
$Ln(nhasset)$	-0.007***	0.001	0.002	-0.006***	0.002	0.002
	(0.002)	(0.002)	(0.002)	(0.002)	(0.002)	(0.002)

表6-4(續)

	OLS			2SLS		
	(1) 能接受子女不要小孩	(2) 喜歡女孩	(3) 養兒防老	(4) 能接受子女不要小孩	(5) 喜歡女孩	(6) 養兒防老
$Ln(fasset)$	-0.002	0.007***	-0.004***	-0.002	0.006***	-0.005***
	(0.002)	(0.001)	(0.002)	(0.002)	(0.001)	(0.002)
$Ln(labor\_inc)$	-0.000	-0.000	0.003***	0.000	0.000	0.003***
	(0.001)	(0.001)	(0.001)	(0.001)	(0.001)	(0.001)
$Ln(debt)$	0.001	0.001*	-0.001	0.001	0.001*	-0.001
	(0.001)	(0.001)	(0.001)	(0.001)	(0.001)	(0.001)
urban	0.055***	0.044***	-0.083***	0.043***	0.040***	-0.088***
	(0.009)	(0.007)	(0.009)	(0.011)	(0.008)	(0.011)
age	-0.006***	0.005***	0.012***	-0.006***	0.005***	0.012***
	(0.002)	(0.001)	(0.001)	(0.002)	(0.001)	(0.001)
agesqr	0.000***	-0.000***	-0.000***	0.000***	-0.000***	-0.000***
	(0.000)	(0.000)	(0.000)	(0.000)	(0.000)	(0.000)
edu	0.011***	0.003***	-0.012***	0.010***	0.003***	-0.013***
	(0.001)	(0.001)	(0.001)	(0.001)	(0.001)	(0.001)
male	0.024***	-0.081***	0.003	0.026***	-0.081***	0.004
	(0.007)	(0.005)	(0.006)	(0.007)	(0.005)	(0.006)
married	-0.058***	0.004	0.012	-0.058***	0.005	0.013
	(0.011)	(0.009)	(0.009)	(0.011)	(0.009)	(0.009)
health	-0.017**	-0.014**	-0.006	-0.017**	-0.014**	-0.006
	(0.007)	(0.005)	(0.006)	(0.007)	(0.005)	(0.006)
partymem	-0.009	-0.018***	-0.007	-0.008	-0.018***	-0.006
	(0.009)	(0.007)	(0.008)	(0.008)	(0.007)	(0.008)
gov	-0.021*	-0.021**	-0.028***	-0.016	-0.019**	-0.027**
	(0.012)	(0.009)	(0.010)	(0.012)	(0.009)	(0.011)
secur	0.008	-0.003	-0.007	0.007	-0.003	-0.008
	(0.009)	(0.006)	(0.008)	(0.009)	(0.006)	(0.008)
han	-0.021*	-0.018**	-0.000	-0.012	-0.015*	0.002
	(0.011)	(0.008)	(0.010)	(0.012)	(0.009)	(0.011)
entre	-0.012	-0.029***	0.011	-0.013	-0.029***	0.011
	(0.010)	(0.008)	(0.009)	(0.011)	(0.008)	(0.009)

表6-4(續)

	OLS			2SLS		
	(1) 能接受子女 不要小孩	(2) 喜歡 女孩	(3) 養兒 防老	(4) 能接受子女 不要小孩	(5) 喜歡 女孩	(6) 養兒 防老
man_ratio	−0.013 (0.008)	−0.019*** (0.007)	0.011 (0.007)	−0.014* (0.008)	−0.019*** (0.007)	0.011 (0.007)
eco_atten	−0.017* (0.010)	−0.001 (0.008)	−0.012 (0.010)	−0.017 (0.010)	−0.000 (0.008)	−0.012 (0.010)
$risk\_prefer$	0.051*** (0.011)	0.001 (0.008)	−0.026*** (0.010)	0.050*** (0.011)	0.001 (0.008)	−0.026*** (0.010)
$rural$	−0.001 (0.011)	−0.034*** (0.007)	0.057*** (0.010)	0.022 (0.015)	−0.027*** (0.010)	0.067*** (0.014)
$Ln(ave\_gdp)$	0.058*** (0.013)	0.009 (0.008)	−0.048*** (0.012)	0.005 (0.026)	−0.007 (0.017)	−0.071*** (0.026)
sex_ratio	−0.204 (0.162)	−0.301*** (0.109)	0.089 (0.160)	−0.193 (0.186)	−0.298*** (0.110)	0.090 (0.164)
$imexport\_ratio$	0.006 (0.018)	−0.018 (0.014)	−0.008 (0.017)	−0.028 (0.020)	−0.029* (0.017)	−0.023 (0.025)
省份啞變量	YES	YES	YES	YES	YES	YES
$constant$	−0.012 (0.246)	0.186 (0.164)	1.058*** (0.247)	−0.245 (0.287)	0.055 (0.191)	1.038*** (0.271)
N	22,427	23,179	26,542	22,427	23,179	26,542
$Adjust-R^2$	0.058	0.050	0.107	0.045	0.048	0.105
一階段 IVp 值				0.000	0.000	0.000
Hausman 內生性 檢驗 p 值			0.010	0.606	0.464	

註：括號裡是聚類到社區/村的穩健標準誤。上標「***」「**」「*」分別表示在1%、5%和10%的統計水準上顯著。

6.4.3 房價與養老觀

表6-5報告了房價影響養老觀的估計結果。其中，模型（1）、（2）是OLS估計結果，模型（3）、（4）是對應的2SLS估計結果。Hausman內生性檢驗 p 值分別為0.003、0.000，因此，所有模型都應採用2SLS的估計結果。估計結果顯示，其他因素不變，房價每提高1倍，希望子女承擔養老負擔的概率

將增加 0.076，希望與子女同住的概率將增加 0.092，均至少在 10%的統計水準上顯著。由此可見，高房價不僅直接增加了子女的購房壓力，而且這種經濟上的壓力也開始向父母一代轉移，父母為減輕子女的購房負擔，不但可能傾其所有為子女籌集首付，還可能在購房後幫助子女償還房貸，這將掏空父母的養老儲蓄，進而導致父母不得不依靠子女養老。因此，在高房價下，政府應逐步健全社會養老體系，以緩解購房負擔帶來的贍養壓力。

表6-5的估計結果還顯示：受訪者子女中男性比例越高，年老時希望子女來承擔養老負擔及希望與子女同住的概率越高，這表明當前仍存在「養兒防老」的觀念；城鎮戶籍家庭比農業戶籍家庭更偏向相對獨立的養老方式；與女性受訪者相比，男性受訪者更希望子女承擔養老負擔，這可能與生活中婆媳關係難以處理相關；家庭金融資產與非金融資產對養老觀的影響不同，家庭金融資產越高，受訪者越偏向獨立的養老方式，而非金融資產越高的家庭越希望子女承擔養老及與子女同住，這可能與金融資產與非金融資產的遺贈屬性相關，金融資產可在有生之年變現消費，而非金融資產的流動性更差，多數情況下只能遺贈子女，因此，非金融資產更高的家庭對子女的贍養要求更高，這與本章上一小節的分析中，非金融資產越高的家庭越是不能同意子女單身的結論一致。

表6-5　　　　　　　　　房價與養老觀

	（1）希望子女承擔養老責任	（2）希望與子女同住	（3）希望子女承擔養老責任	（4）希望與子女同住
Ln(hprice)	-0.012**	-0.005	0.076*	0.092**
	(0.006)	(0.006)	(0.044)	(0.042)
Ln(housasset)	0.001	0.000	0.001	0.000
	(0.001)	(0.001)	(0.001)	(0.001)
Ln(nhasset)	0.008***	0.009***	0.009***	0.010***
	(0.002)	(0.002)	(0.002)	(0.002)
Ln(fasset)	-0.005***	-0.008***	-0.006***	-0.009***
	(0.001)	(0.001)	(0.001)	(0.002)
Ln(labor_inc)	0.002***	0.007***	0.003***	0.007***
	(0.001)	(0.001)	(0.001)	(0.001)
Ln(debt)	-0.001	0.001	-0.001	0.001
	(0.001)	(0.001)	(0.001)	(0.001)
urban	-0.120***	-0.065***	-0.131***	-0.077***
	(0.009)	(0.008)	(0.010)	(0.011)

表6-5(續)

	(1) 希望子女承擔養老責任	(2) 希望與子女同住	(3) 希望子女承擔養老責任	(4) 希望與子女同住
age	−0.010***	0.007***	−0.010***	0.007***
	(0.001)	(0.001)	(0.001)	(0.001)
$agesqr$	0.000***	−0.000***	0.000***	−0.000***
	(0.000)	(0.000)	(0.000)	(0.000)
edu	−0.015***	−0.014***	−0.017***	−0.016***
	(0.001)	(0.001)	(0.001)	(0.001)
$male$	0.018***	0.011*	0.021***	0.014**
	(0.006)	(0.006)	(0.006)	(0.006)
$married$	−0.027***	−0.038***	−0.024***	−0.035***
	(0.009)	(0.009)	(0.009)	(0.009)
$health$	0.020***	−0.010	0.019***	−0.010*
	(0.006)	(0.006)	(0.006)	(0.006)
$partymem$	−0.010	−0.014*	−0.009	−0.012
	(0.007)	(0.007)	(0.008)	(0.007)
gov	−0.040***	−0.036***	−0.035***	−0.031***
	(0.009)	(0.009)	(0.010)	(0.009)
$secur$	−0.045***	−0.013	−0.047***	−0.015*
	(0.009)	(0.008)	(0.009)	(0.008)
han	−0.001	−0.075***	0.005	−0.069***
	(0.010)	(0.010)	(0.010)	(0.011)
$entre$	0.005	−0.041***	0.005	−0.040***
	(0.010)	(0.009)	(0.010)	(0.009)
man_ratio	0.026***	0.055***	0.026***	0.055***
	(0.007)	(0.007)	(0.007)	(0.007)
eco_atten	−0.041***	−0.001	−0.040***	−0.001
	(0.008)	(0.009)	(0.008)	(0.009)
$risk\_prefer$	−0.009	−0.011	−0.010	−0.013
	(0.009)	(0.009)	(0.009)	(0.009)
$rural$	0.046***	0.041***	0.070***	0.066***
	(0.011)	(0.011)	(0.016)	(0.016)

表6-5(續)

	(1) 希望子女承擔 養老責任	(2) 希望與子女 同住	(3) 希望子女承擔 養老責任	(4) 希望與子女 同住
$Ln(ave\_gdp)$	-0.059***	-0.052***	-0.111***	-0.109***
	(0.012)	(0.012)	(0.029)	(0.028)
sex_ratio	-0.176	0.072	-0.172	0.077
	(0.174)	(0.176)	(0.175)	(0.196)
$imexport\_ratio$	-0.044**	-0.005	-0.079***	-0.043
	(0.018)	(0.024)	(0.025)	(0.034)
省份啞變量	YES	YES	YES	YES
constant	1.814***	0.890***	1.560***	0.550*
	(0.266)	(0.274)	(0.281)	(0.324)
N	26,442	26,311	26,442	26,311
$Adjust-R^2$	0.120	0.122	0.107	0.107
一階段 IVp 值			0.000	0.000
Hausman 內生性檢驗 p 值		0.003	0.000	

註：括號裡是聚類到社區/村的穩健標準誤。上標「***」「**」「*」分別表示在1%、5%和10%的統計水準上顯著。

6.4.4 影響機制分析

　　房產是家庭在婚姻市場競爭的主要籌碼，房產價值越高，家庭成員在婚姻市場就越具競爭優勢，由此可能減弱其單身偏好。此外，家庭通常將房產遺贈子女，而遺贈的前提是家族後繼有人，這樣可能減弱其接受子女不要小孩的偏好。通過前文分析，已發現家庭住房財富越高，越不能接受子女單身及子女不要小孩，那麼，這一影響在房價不同的地區有何不同？換句話講，在高房價地區，房產價值每增加 100 元，對婚姻、生育、養老觀的影響與低房價地區房產價值每增加 100 元帶來的影響有何不同？我們預期相同的增長幅度在低房價地區更具優勢，我們在基本模型中加入住房財富與房價變量的交乘項來驗證上述猜想。

　　表 6-6 報告了加入住房財富與房價變量交乘項的兩階段最小二乘（2SLS）的估計結果。可以發現，儘管住房財富越高，能接受子女單身和不要小孩的概率越小，生兒育女的目的是養兒防老、希望與子女同住，但這些效應在高房價地區顯著低於低房價地區。由此可見，高房價削弱了家庭住房財富的優勢。

表 6-6　　　　　　　　房價與住房財富的交互影響（2SLS）

	婚姻觀		生育觀	養老觀
	（1）能接受子女單身	（2）能接受子女不要小孩	（3）養兒防老	（4）希望與子女同住
$Ln(housasset)$	−0.056**	−0.050**	0.087***	0.052***
	(0.022)	(0.025)	(0.023)	(0.018)
$Ln(hprice) * Ln(housasset)$	0.006**	0.005*	−0.010***	−0.006***
	(0.002)	(0.003)	(0.003)	(0.002)
$Ln(hprice)$	0.040	0.055	0.099*	0.152***
	(0.045)	(0.053)	(0.055)	(0.054)
控制變量	YES	YES	YES	YES
省份啞變量	YES	YES	YES	YES
constant	0.570	0.269	0.140	−0.005
	(0.403)	(0.353)	(0.425)	(0.405)
N	22,436	22,427	26,542	26,311
$Adjust-R^2$	0.049	0.065	0.097	0.106

註：表中僅匯報了交叉項估計系數顯著的估計結果。為節約篇幅，此處未匯報控制變量的估計結果，若需要可向作者索取。

6.5　結論與政策建議

　　本章基於一個具有全國代表性的微觀家庭數據考察了房價對傳統婚姻觀、生育觀、養老觀的影響，並進一步分析了其影響機制。以土地價格作為房價的工具變量來克服房價的內生性問題，2SLS 估計結果發現，高房價顯著改變了人們傳統的婚姻、生育、養老觀。從婚姻觀來看，房價每提高 1 倍，受訪者能接受子女單身的概率將顯著增加 0.104，擇偶時更看重經濟條件的概率將顯著提高 0.004。從生育觀來看，房價每提高 1 倍，受訪者能接受子女不要小孩的概率將增加 0.111，生女偏好的概率將提高 0.010，養兒育女的目的中包含「養兒防老」的概率將下降 0.040。從養老觀來看，房價每提高 1 倍，受訪者希望子女承擔養老責任的概率將增加 0.076，希望與子女同住的概率將增加 0.092。進一步的分析表明，高房價通過削弱家庭住房財富在婚姻市場的競爭優勢而對傳統的婚姻觀、生育觀、養老觀形成了衝擊，因此，房價加重婚姻、生育、撫養成本是高房價改變婚姻觀、生育觀、養老觀的重要途徑。

本章研究的政策含義在於，政府應警惕高房價帶來的社會性負面效應。首先，當前中國男女性別比仍嚴重失衡，根據第六次人口普查數據，截至 2010 年，中國男女性別比已高達 118.06，男性在婚姻市場處於競爭劣勢，高昂的「婚房」成本更是加重了男性成家立業的負擔，由此可能造成單身男性數量的迅速上升，這可能引發更多的社會犯罪（Mazur & Michalek，1998；姜全寶，李波，2011）。其次，住房在成家立業中的重要作用使得當前青年男女的擇偶觀發生巨大改變，有無住房成為重要的擇偶標準，而人的品質、感情基礎可能退居次位，從而扭曲常態的價值觀。最後，高房價下，父母可能為減輕子女的購房負擔而不得不為子女籌集首付、償還房貸等，這可能掏空父母為養老而進行的儲蓄，從而加劇了父母年老時對子女的依賴，高房價將使父母一代面臨養老危機，因此，政府應逐步完善社會保障體系，推進商業保險的發展，逐步實現以保險機制為主的養老模式對傳統「養兒防老」模式的替代。

7 房價對生育的影響

儘管上一章的研究發現房價會改變家庭傳統的婚姻觀、生育觀與養老觀，但正如前文所述，思想觀念和實際行為仍存在一定差距，因此，接下來應對家庭真實的婚姻、生育與養老行為進行分析。但家庭的婚姻、生育與養老行為涉及家庭的整個生命週期，要取得家庭婚姻、生育與養老行為變化的數據需要對家庭進行長期追蹤。由於數據的限制，本書目前僅能詳細分析房價對家庭生育行為的影響，對於家庭的婚姻和養老行為，可在今後的研究中進一步展開。

7.1 文獻回顧

人口是影響經濟發展的重要因素之一，因此，如何維持合理的生育率水準是學者和政策制定者們共同關注的話題，對這一問題的研究最早可追溯到馬爾薩斯的人口論。當前，中國正在加速進入人口老齡化階段[1]，且人口生育率已在相當長時間內低於2.1的更替水準[2]，為緩解人口老齡化和低生育率對經濟發展帶來的不利影響，政府採取了一系列有利於促進居民生育的政策，但從目前來看，這些政策的效果甚微[3]。在這樣的背景下，探討影響中國居民生育決

---

[1] 國家統計局數據顯示，2015年年底，中國大陸總人口數量為137,462萬，其中，年齡超過60歲的占16.1%。另據聯合國的預測數據，到2050年，全世界老年人口數量將達到20.2億，其中，中國老年人口數量將達到4.8億，幾乎占全球老年人口數量的四分之一。

[2] 人口普查和國家統計局的抽樣調查數據顯示，中國在2010—2013年的生育率分別為1.18、1.04、1.26、1.24。一些學者在試圖糾正統計調查數據的誤差後的研究結果顯示，中國目前的總和生育率不會低於1.5，但也不會高於1.7（陳衛，楊勝慧，2014；陳衛，張玲玲，2015；陳衛，2015）。

[3] 2013年12月28日，第十二屆全國人大常委會第六次會議表決通過了《關於調整完善生育政策的決議》，一方是獨生子女的夫婦可生育兩個孩子的單獨兩孩政策依法啟動實施。根據國家衛生與計劃生育委員會的統計數據，截至2014年年底，符合條件的單獨夫婦為1,100萬對，但僅有106.9萬對提出申請。

策的因素便顯得尤為重要。Becker（1960）的新家庭經濟學理論為分析居民的生育決策提供了基本的理論框架，該理論認為生育率取決於生育需求的收入效應和替代效應的權衡。具體而言，在新家庭經濟學理論中，孩子可視為一種正常品，而其價格便是為了獲得上述正常品所需付出的成本。基於該理論，早期的研究主要從家庭內部的勞動分工來解釋生育率的下降，即女性受教育程度的提高提升了女性工資與勞動力市場參與率，進而提高了生育的成本，從而導致生育率下降（Sprague，1986；Heckman & Walker，1990）。但事實上，除了勞動力市場的變化外，家庭所面對的整個消費品市場價格體系的變化都可能導致生育的影子價格向不同方向上升或下降，而住房就是經濟增長過程中由城市化和要素稀缺所導致的家庭預算約束中相對價格變化最為劇烈的耐用消費品之一（易君健，易行健，2008）。鑒於此，本章首先利用2005—2012年中國330個地/州級城市及4個直轄市所轄區/縣的面板數據，採用差分GMM模型與雙重差分（Difference-in-difference）模型來識別房價對人口出生率的因果影響，並進一步利用中國家庭金融調查2013年、2015年、2017年的數據來檢驗房價影響人口出生率的作用機理，為轉型時期的中國生育政策的制定提供參考依據。

  房價對生育行為的作用機制涉及新家庭經濟學模型中標準的收入效應和替代效應。一方面，對於擁有住房的家庭而言，住房財富的升值增加了家庭總財富，從而可能產生促進居民生育的收入效應。另一方面，房價上升提高了多生育一個孩子的住房成本，特別是在中國，擁有住房通常是結婚的必備條件，普通家庭成婚後仍將長期面臨沉重的還貸負擔，這將擠出對生育這一正常品的消費，從而產生負的替代效應。因此，房價上漲對生育率的影響取決於收入效應和替代效應的淨效應，其方向可能為正，可能為負。國外學者對房價與生育率之間關係的研究比較豐富，但研究結論並不一致。一些研究發現房價上漲對生育率有負向影響，比如，Simon和Tamura（2009）利用美國1940—2000年的微觀家庭數據考察了單位居住價格（城市層面每個房間的平均租金）對人口出生率的影響，研究發現，單位居住價格對當期每個家庭的兒童數量有顯著負向影響；Öst（2011）對瑞典的研究也發現，住房使用成本的增加顯著降低了家庭生育第一個孩子的概率，且這一影響對年輕人更顯著。另一些研究卻得出相反的結論，比如，Mizutani（2015）對日本的研究以及Atalay等（2017）對澳大利亞的研究均發現家庭住房財富的增值將會顯著提高生育率；Lovenheim、

Mumford（2013）與 Dettling、Kearney（2014）的研究則發現，房價上漲對擁有住房的家庭和租房家庭生育率的影響具有異質性，對於擁有住房的家庭而言，以收入效應為主，對於租房家庭而言，以替代效應為主，但總體而言，房價上漲對美國人口生育率具有正向影響。還有一些研究則考察了房價對家庭組成的影響，這些研究大都發現房價上漲阻礙了家庭的形成（Borsch Supan, 1986; Haurin, et al., 1993; Ermisch, 1999; Giannelli & Monfardini, 2003），這在一定程度上表明房價上漲降低了生育率。

國內學者的研究，特別是針對中國內地的研究還比較缺乏。易君健、易行健（2008）和 Hui 等（2012）基於時間序列數據進行研究發現，中國香港房價上漲對生育率有負向影響，但中國香港在經濟發展水準、文化背景等方面與內地不可同日而語，因此，這一結論在內地是否成立需要單獨進行分析。Li Pan 和 Jianguo Xu（2012）是目前少有的研究內地房價與生育率之間關係的本書，他們基於中國省級層面的數據對房價與城鎮居民生育率之間的相關性進行了分析。結果顯示，房價與人口出生率呈顯著負相關，但他們的研究未考慮房價本身可能存在的內生性問題，遺漏與房價相關的因素可能導致估計結果產生偏誤，比如收入預期、區域經濟衝擊、人口結構、地區文化差異等，因此結論的可靠性值得商榷。本章採用差分 GMM 模型與雙重差分模型來分析房價對人口出生率的影響，克服了房價本身可能存在的內生性問題，研究結論更加可信。

本章的貢獻主要有這幾點：首先，本章豐富了有關房價影響家庭行為的研究，已有文獻從居民消費或儲蓄（顏色，朱國鐘，2013；陳斌開，楊汝岱，2013）、財產不平等（陳彥斌，邱哲聖，2011）、家庭創業（吳曉瑜，2014）等方面展開了較為廣泛的研究，但是，鮮有文獻從人口經濟學的角度進行研究。其次，本章的研究是對現有解釋中國生育率持續下降原因的文獻的有力補充，現有研究從人口流動（陳衛，吳麗麗，2006）、養老保障制度（徐升豔，夏海勇，2011）、教育財政支出（楊龍見，2013）等方面對中國生育率的持續下降進行瞭解釋，但這些研究均未涉及在家庭生育決策中具有重要地位的房價因素。最後，從研究方法上講，本章採用差分 GMM 模型與雙重差分模型，克服了房價存在的內生性問題，研究結論更加可信。

7.2 理論分析

本小節將基於新家庭經濟學理論對易君健和易行健（2008）的理論模型進行擴展，以詳細說明房價影響生育的理論機制。易君健和易行健（2008）的理論模型忽略了一個影響家庭生育的重要因素，即家庭初始擁有的住房財富，他們由此得出房價對生育率只有負向影響的理論結論。本小節的理論分析將表明，一旦考慮家庭初始擁有的住房財富，房價對生育率的影響可能為負，也可能為正。

參照易君健和易行健（2008）的建模思路，假定一個代表性家庭由丈夫 h 和妻子 w 組成，家庭的效用由小孩的數目 N、丈夫的閒暇 L_h 和妻子的閒暇 L_w 決定。令 W_h 和 W_w 分別為丈夫和妻子的工資率，同時，個人的時間稟賦標準化為 1[①]。另外，假定住房需求為小孩數量的函數，$H=H(N)$，家庭以價格 P_h 在市場上購房。假定住房是生育小孩的必要條件，因此住房需求方程 $H(N)$ 應該為小孩數量的增函數，即 $H'(N)>0$。為了更清楚地說明房價和生育率之間的關係，不妨設定 $H(N)=a+bN^\gamma$（$0<\gamma<1$）。其中，a 是家庭中丈夫和妻子必需的住房部分，b 是只有一個小孩時必需的住房空間，bN^γ 是全部小孩必需的住房空間，γ 是生育多個小孩時可能存在的規模效應（$\gamma<1$）。假定家庭擁有的初始住房面積為 H_0。家庭的最優化問題為：

$$\begin{aligned}&\underset{N,L_h,L_w}{Max}\ U=U(N,L_h,L_w),\\&\text{s.t.}\ P_n N+P_h(a+bN^\gamma-H_0)=I+\sum_{i=h,w}W_i(1-L_i)\end{aligned} \quad (7.1)$$

其中，I 為初始財富稟賦，P_n 為生育小孩的成本。如果家庭的效用函數為擬凹二階連續可微，那麼，家庭效用最大化的一階條件（FOC）為[②]：

$$U_1-\lambda(P_n+P_h b\gamma N^{\gamma-1})=0 \quad (7.2)$$

$$U_2-\lambda W_h=0 \quad (7.3)$$

$$U_3-\lambda W_w=0 \quad (7.4)$$

其中，λ 為拉格朗日乘子。將約束條件（7.1）和方程（7.2）至（7.4）對房價 P_h 展開全微分，可以得到如下表達式：

[①] 考慮家庭對其他商品或服務的需求不會影響本章理論模型的推導結果。
[②] 假設最優解不存在角點解。

$$\begin{bmatrix} 0 & -P_n-P_h b\gamma N^{\gamma-1} & -W_h & -W_w \\ -P_n-P_h b\gamma N^{\gamma-1} & U_{11}-\lambda P_h b\gamma(\gamma-1)N^{\gamma-2} & U_{12} & U_{13} \\ -W_h & U_{21} & U_{22} & U_{23} \\ -W_w & U_{31} & U_{32} & U_{33} \end{bmatrix} \begin{bmatrix} \partial\lambda/\partial P_h \\ \partial N/\partial P_h \\ \partial L_h/\partial P_h \\ \partial L_w/\partial P_h \end{bmatrix} = \begin{bmatrix} H-H_0 \\ \lambda b\gamma N^{\gamma-1} \\ 0 \\ 0 \end{bmatrix}$$

(7.5)

定義最優化問題（7.1）的加邊海賽矩陣為 F，即表達式（7.5）的左邊第一項，其行列式為 $|F|$。$|F_{ij}|$ 為 $|F|$ 刪除第 i 行、第 j 列後的行列式。因為 $|F|$ 是 4×4 的加邊海賽矩陣，$|F|<0$。這樣，房價對生育率的邊際效應可以表示為：

$$\begin{aligned}\frac{\partial N}{\partial P_h} &= -(H-H_0)\frac{|F_{12}|}{|F|} + \lambda b\gamma N^{\gamma-1}\frac{|F_{22}|}{|F|} \\ &= -(H-H_0)\frac{\partial N}{\partial I} + \lambda b\gamma N^{\gamma-1}\frac{|F_{22}|}{|F|}\end{aligned}$$

(7.6)

其中，$\partial N/\partial I$ 為初始財富稟賦的收入效應，因為孩子為正常品，所以 $\partial N/\partial I>0$。可以證明 $|F_{22}|>0$。因此，式（7.6）等號右邊第二項一定小於零，而等式右邊第一項可能小於零，也可能大於零。可以證明當 $H_0 < H - \lambda b\gamma N^{\gamma-1}\frac{|F_{22}|}{|F|}/\frac{\partial N}{\partial I}$ 時，$\partial N/\partial P_h<0$，當 $H_0 \geq H - \lambda b\gamma N^{\gamma-1}\frac{|F_{22}|}{|F|}/\frac{\partial N}{\partial I}$ 時，$\partial N/\partial P_h \geq 0$。上述不等式的經濟含義為，房價上漲對生育率的影響與家庭初始擁有的住房面積相關；當初始住房面積超過一定臨界值後，房價上漲將產生收入效應，進而促進生育，當初始住房面積低於一定臨界值時，房價上漲將產生替代效應，進而抑制生育。因此，在現實中，房價上漲究竟是促進還是抑制生育便是一個實證問題。

7.3 數據、變量與描述統計

接下來，本章將利用數據對中國房價與生育率之間的關係進行實證檢驗。本章使用的數據為中國 330 個地/州級城市及 4 個直轄市所轄區/縣 2005—2012 年的面板數據，數據來源於 2006—2013 年的《中國區域經濟統計年鑒》。需要說明的是，《中國區域經濟統計年鑒》公布了北京市、上海市、天津市和重慶市四個直轄市的區/縣統計信息，為充分利用這部分信息，我們刪除了四個直轄市的匯總信息，而將四個直轄市的每個區/縣視為獨立的觀測單元。這樣處理的好處有兩點，一是可以豐富樣本量而減少估計誤差，二是直轄市實際上是

省級行政單位，而其他絕大多數城市是地級行政單位，直轄市所轄範圍及經濟發達程度與其他地級城市不具可比性，其城市內部通常存在較大差異，採用更細化的區縣信息可以較好地體現直轄市內部的巨大差異。

本章分析的被解釋變量為人口出生率，即某觀測單元在一定時期內（一年）的出生人數與同期內平均人數的比值①。事實上，更精確的做法是考察房價對人口生育率的影響，生育率是指每個時期活產嬰兒數與該時期的育齡婦女數之比，鑒於數據的可得性，本章選取人口出生率作為人口生育率的代理變量。本章的關鍵解釋變量為住房價格，住房價格是每個城市住宅商品房銷售額與住宅商品房銷售面積的比值。

在迴歸分析中，本章還控制了其他可能影響人口出生率的變量。這些變量包括：人均GDP（ave_gdp）、男女性別比（gender_ratio）、高中畢業人數占當年平均人數比重（midgraduate）、小學畢業人數占當年平均人數比重（primgraduate）、高中學校數占當年平均人數比重（midsc）、中學學校數占當年平均人數比重（primarysc）、幼兒園數占當年平均人數比重（kindergarton）、城鎮化率（urban_ratio）、0~14歲人口比例（age0_14ratio）、15~64歲人口比例（age15_64ratio）、15歲以上未婚人口比例（unmarried_ratio）以及時間固定效應。房價越高的地方經濟也越發達，控制人均GDP可部分剔除房價中包含的其他經濟因素的影響；性別失衡越嚴重的地區，婚姻市場競爭越激烈，從而可能影響人口出生率；高等學校畢業人數與高中畢業人數可部分反應該地區人們的受教育水準；各類學校數可反應教育資源的分佈，子女能否獲得良好的教育也是家庭考慮是否生育的重要因素。

圖7-1簡單地描述了房價與人口出生率的關係。Ln（hp）表示房價的對數，birthrate表示人口出生率，可以發現，房價與人口出生率呈負相關關係，線性擬合系數為-0.001,2，在1%的顯著性水準上可信，迴歸直線的擬合優度（R^2）為0.039,2。當然，房價是否對人口出生率存在因果影響還需要嚴格的計量分析。表7-1報告了相關變量的定義與描述統計。數據顯示，2005—2012年，中國人口出生率平均為11.4‰，住房均價為4,009元/平方米，男女性別比為1.054,1∶1。

---

① 本章定義的人口出生率中既包括城鎮人口，也包括農村人口，這是由於近年來，農村家庭在城鎮購房的現象也非常普遍。中國家庭金融調查（CHFS）2015年的數據顯示，在有住房需求的農業戶籍家庭中，打算在城鎮購買住房的比例為52.16%，超過了在農村自建住房的比例。另一方面，《中國區域經濟統計年鑒》並未單獨統計城鎮人口的人口出生率，這也是本章使用總體人口出生率的原因之一。

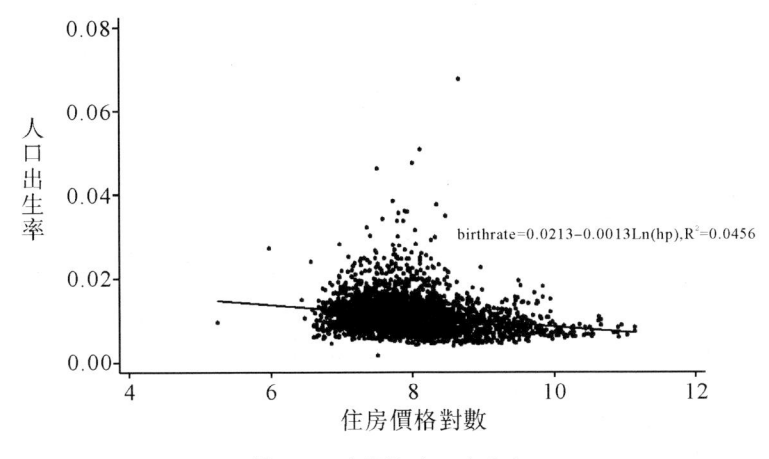

$birthrate = 0.0213 - 0.0013 Ln(hp), R^2 = 0.0456$

图 7-1 房價與人口出生率

註：數據來源於《中國區域經濟統計年鑒》（2006—2013）

表 7-1　　　　　　　　　　　　變量描述統計

變量名	變量含義	均值	中位數	標準差	觀測值
birthrate	人口出生率	0.011,4	0.010,5	0.004,9	3,317
hp	房價（單位：元/平方米）	4,009	2,611	5,139	3,245
ave_gdp	人均GDP（單位：元）	26,760	20,241	21,505	2,938
gender_ratio	男女性別比	1.054,1	1.049,6	0.068,5	3,322
midgr	每萬人中中學畢業人數（人）	0.019,0	0.018,7	0.005,4	3,322
primgr	每萬人中小學畢業人數（人）	0.013,1	0.012,4	0.005,0	3,322
midsc	每萬人擁有的中學學校數（所）	0.573,2	0.551,9	0.198,5	3,322
primsc	每萬人擁有的小學學校數（所）	2.170,9	1.816,2	1.613,6	3,322
kindergarton	每萬人擁有的幼兒園數（所）	1.111,9	0.909,1	0.819,5	3,322
urban_ratio	城鎮化率（單位：%）	49.118,6	46.160,0	14.956,6	248
age0_14ratio	0~14歲人口比例	0.175,2	0.174,8	0.044,8	248
age15_64ratio	15~64歲人口比例	0.734,6	0.730,4	0.039,3	248
unmarried_ratio	15歲以上未婚人口比例	0.145,7	0.152,6	0.059,9	248

註：人均GDP（ave_gdp）、男女性別比（gender_ratio）、高中畢業人數占當年平均人數比重（midgraduate）、小學畢業人數占當年平均人數比重（primgraduate）、高中學校數占當年平均人數比重（midsc）、中學學校數占當年平均人數比重（primarysc）、幼兒園數占當年平均人數比重（kindergarton）七個變量根據《中國區域經濟統計年鑒》（2006—2013）整理而來。城鎮化率（urban_ratio）、0~14歲人口比例（age0_14ratio）、15~64歲人口比例（age15_64ratio）、15歲以上未婚人口比例（unmarried_ratio）四個變量根據《中國統計年鑒》（2006—2013）整理而來。

7.4 研究方法與計量模型設定

本章的分析面臨遺漏變量導致的內生性問題,即不可觀測的因素同時影響房價和人口出生率。比如,房價高的地區,女性受教育程度和工資水準也較高,這些因素已被現有學者證明會對人口出生率產生負向影響。此外,高房價地區的人們的思想更開放,更容易接受新鮮事物,比如丁克,遺漏這些變量可能導致房價影響人口出生率的估計產生偏誤。採用面板數據固定效應(Fixed Effect)模型可緩解不隨時間變化的非觀測異質性導致的內生性問題,但依然無法解決隨時間變化的不可觀測的因素導致的內生性問題,同時,當期人口出生率還會受上一期人口出生率的影響。針對這兩類問題,採用差分 GMM 估計可予以克服。差分 GMM 的思想是先對數據進行差分處理,再利用滯後水準變量作為差分變量的工具變量做 GMM 估計,差分後可消除不隨時間變化的非觀測異質性,GMM 估計可克服隨時間變化的不可觀測的因素導致的內生性,從而解決內生性問題[①]。差分 GMM 有效的前提條件是與水準模型的誤差項序列無關,且工具變量不存在過度識別(Over Identification),本章將在計量分析中對這些條件進行檢驗。基本的計量模型設定如下:

$$birthrate_{it} = \beta_0 + \beta_1 birthrate_{it-1} + \beta_2 Ln(hp)_{it} + \beta_3 Ln(hp)_{it-1} + X_{it}\Gamma + city\_dummy_i + year\_dummy_t + u_{it} \quad (7.7)$$

i 表示觀測單元(地級市/州及直轄市所轄區/縣),t 表示時間,β_2 表示 t 期房價每提高 10%,t 期的人口出生率將變動 β_2 個千分點,β_3 表示 $t-1$ 期房價每提高 10%,t 期的人口出生率將變動 β_3 個千分點,因此,$\beta_2+\beta_3$ 表示房價上漲對人口出生率的短期影響。同時,當 t 期人口出生率變動 $\beta_2+\beta_3$ 個千分點,$t+1$ 期人口出生率會變動 $\beta_1 * (\beta_2+\beta_3)$ 個千分點,$t+2$ 期人口出生率會變動 $\beta_1^2 * (\beta_2+\beta_3)$ 個千分點,以此類推,房價上漲對人口出生率的長期影響便是 $(\beta_2+\beta_3) / (1-\beta_1)$,如果 β_1 小於 1,那麼,房價上漲對人口出生率的長期影響將大於短期影響。X 是控制變量向量,具體包括人均 GDP(ave_gdp)、男女性別

[①] 本章沒有採用系統 GMM 估計來分析房價對人口出生率的影響,原因有兩點:一是系統 GMM 估計必須假定 $|\Delta Y_{it-1}, \Delta y_{it-2}, \cdots|$ 與 c_i 無關,這一條件在本章的估計中難以得到滿足,比如不同城市行政地位和文化傳統的差異可能導致人口出生率的變化值與城市之間的異質性相關;二是系統 GMM 估計雖然增加了可利用的工具變量數,但同時也可能產生過度識別問題,實際上,本章也採用系統 GMM 進行了估計,但檢驗過度識別約束的 Hansen-J 統計量在 1% 的顯著性水準上拒絕原假設,即工具變量存在過度識別問題。

比（gender_ratio）、高中畢業人數占當年平均人數比重（midgraduate）、小學畢業人數占當年平均人數比重（primgraduate）、高中學校數占當年平均人數比重（midsc）、中學學校數占當年平均人數比重（primarysc）、幼兒園數占當年平均人數比重（kindergarton）。$city\_dummy_i$是觀測單元的固定效應，$year\_dummy_{(t)}$是年份固定效應。式（7.7）對應的差分模型為：

$$\Delta birthrate_{it} = \beta_1 \Delta birthrate_{it-1} + \beta_2 \Delta Ln(hp)_{it} + \beta_3 \Delta Ln(hp)_{it-1} + \Delta X_{it}\Gamma + \Delta year\_dummy_t + \Delta u_{it} \quad (7.8)$$

可以發現，β_2實質上是房價增長率對人口出生率的影響。差分後常數項和個體固定效應將被去除。採用所有的滯後水準變量作為上述模型的工具變量可能導致過度識別問題產生，即可能存在一些無效工具變量（工具變量與誤差項相關），導致模型的估計再次產生偏誤。為緩解過度識別問題，本章僅採用一期水準滯後作為上述模型的工具變量，同時，將控制變量中除人均GDP外的其餘變量均視為外生變量，這是由於越貧困的地方的生育率越高，而生育率越高的地方可能反過來引致貧困，而其餘控制變量則不太可能存在逆向因果關係。後文的實證分析中將對工具變量的有效性和過度識別問題進行檢驗。

7.5 實證結果分析

1. 房價與人口出生率

表7-2同時列出了固定效應（Fixed Effect）和差分GMM（Difference GMM）的估計結果。固定效應模型沒有放入人口出生率的滯後項，這是由於採用固定效應估計會導致因變量的滯後項存在內生性[①]。固定效應模型估計結果顯示，無論是否控制其他控制變量，當期房價與滯後一期房價估計係數的大小非常接近，且均在10%的顯著性水準上顯著。以加入控制變量的估計結果為例，當期房價估計係數在5%的顯著性水準上可信，當期房價每提高一倍，人口出生率將降低0.7‰。如前文所述，固定效應模型仍無法克服隨時間變化的非觀測異質性導致的內生性問題，採用差分GMM估計可解決這類問題。表

---

① 假設動態面板模型為：$y_{it} = \beta_0 + \beta_1 y_{it-1} + c_i + u_{it}$，其對應的固定效應模型為：$y_{it} - \overline{y_i} = \beta_1(y_{it-1} - \overline{Ly_i}) + (u_{it} - \overline{u_i})$，其中，$\overline{y_i} = \frac{1}{T-1}\sum_{t=2}^{T} y_{it}$，$\overline{Ly_i} = \frac{1}{T-1}\sum_{t=2}^{T} y_{it-1}$，$\overline{u_i} = \frac{1}{T-1}\sum_{t=2}^{T} u_{it}$均為時間平均值。顯然，由於$\overline{Ly_i}$中包含$\{y_{i2}, \cdots, y_{it-)}\}$的信息，而$\{y_{i2}, \cdots, y_{it-)}\}$與$(u_{it} - \overline{u_i})$相關，故$\overline{Ly_i}$一定與$(u_{it} - \overline{u_i})$相關。因此，固定效應模型估計是不一致的。

7-2 的差分 GMM 模型估計結果顯示，無論是否控制其他控制變量，當期房價與滯後一期房價均對當期人口出生率產生負向影響，在 1% 的顯著性水準上的統計顯著。以加入控制變量的估計結果為例，上一期房價每提高一倍，當期人口出生率將下降 1.7‰，這一效應可使人口出生率從均值水準（0.011,4）下降 14.9%，當期房價每提高一倍，當期人口出生率將下降 4.2‰，這一效應可使人口出生率從均值水準（0.011,4）下降 36.8%，即使當期房價僅上漲 10%，也會造成人口出生率平均水準下降 3.68%。而從 2005 年至 2012 年，北京、上海、廣州、深圳四個一線城市的房價年均增速分別為：16.0%、11.0%、13.2%、15.3%[①]。可見，房價對這些城市人口出生率的影響更加嚴重。估計結果還顯示，人口出生率的滯後項系數小於 1，但並不顯著異於零，這表明當期房價上漲對人口出生率的影響可能是短期的。

在差分 GMM 估計的其他控制變量中，僅性別比、每萬人擁有的中學學校數、0~14 歲的人口比例、15~64 歲的人口比例以及 15 歲以上的未婚人口比例顯著影響人口出生率。其中，性別失衡越嚴重，人口出生率越高，在 1% 的顯著性水準上的統計越顯著，這可能是由於性別失衡越嚴重，女性更容易在婚姻市場找到結婚對象。每萬人擁有的中學學校數量越多，人口出生率也越低，在 10% 的顯著性水準上可信，這可能是由於中學學校數量少，會造成競爭性生育，從而導致中學學校數負向影響人口出生率。0~14 歲的人口比例越低、15~64 歲的人口比例越高、15 歲以上的未婚人口比例越低，人口出生率越高，這些發現均與預期一致。另外，人均 GDP 這一變量在固定效應模型中的系數為負，但在糾正內生性問題後的 GMM 估計中的系數為正，這與最新的研究結果一致（Black, et al., 2013），即生育孩子對家庭而言是一種正常消費行為。

表 7-2 中的模型（3）、（4）的最後 4 行列出了卡方檢驗（Chi2）、一階序列自相關檢驗 AR（1）、二階序列自相關檢驗 AR（2）和過渡識別檢驗（Hansen-J）的 P 值（P-value）。結果顯示，卡方檢驗在 1% 的顯著性水準上拒絕了模型整體不顯著的假設檢驗，差分模型的誤差項在 1% 的顯著性水準上存在一階序列 AR（1）相關，但不存在二階序列 AR（2）相關，不能拒絕水準模型的誤差項序列無關的原假設，說明可以採用因變量的一階滯後水準項作為一階差分方程的工具變量，同時，Hansen-J 統計量均不顯著[②]，不能拒絕工

---

① 按複合年增長率計算。

② 也可採用 Sargan 統計量檢驗過度識別問題，但 Sargan 統計量有效的前提條件是同方差，Hansen-J 統計量在異方差情形下依然穩健，因此，本章以 Hansen-J 統計量為判斷標準。

具變量有效的原假設，說明不存在工具變量內生的問題。綜上，採用差分GMM估計可以得到可信的估計結果。

利用本章的估計結果可以對因房價上漲而減少的出生人口數做一個簡單的測算。首先，根據當期房價增長率和滯後一期房價增長率計算每年因房價上漲而降低的人口出生率，計算公式如下：

$$birthrate\_decrease_{it} = hp\_growth_{it} * 0.005,1 + hp\_growth_{it-1} * 0.001,8 \quad (7.9)$$

其中，$birthrate\_decrease_{it}$ 表示第 i 個城市因房價上漲而降低的人口出生率，由於沒有 2004 年各城市的房價數據，因此，無法計算 2005 年相對於 2004 年的房價增長率，這使得本章只能估算 2007—2012 年因房價上漲而降低的人口出生率。其次，根據式（7.3）可以計算當當期房價增長率和滯後一期房價增長率為零時的人口出生率，計算公式如下：

$$birthrate\_pred_{it} = birthrate\_decrease_{it} + birthrate_{it} \quad (7.10)$$

其中，$birthrate\_pred_{it}$ 表示第 i 個城市當期和滯後一期房價增長率為零時的人口出生率，$birthrate_{it}$ 是實際人口出生率。因此，當房價增長率為零時，第 i 個城市在第 t 年實際應該出生的人口為：

$$birthpop\_pred_{it} = birthrate\_pred_{it} * (pop_{it} - birthpop_{it}) \quad (7.11)$$

其中，$birthpop\_pred_{it}$ 表示當房價增長率為零時，第 i 個城市在第 t 年實際應該出生的人口數，pop_{it} 是常住人口數，$birthpop_{it}$ 是實際出生的人口數。因此，因房價上漲而減少的出生人口總數為：

$$birthpop\_decrease = \sum_i \sum_t birthpop\_pred_{it} - \sum_i \sum_t birthpop_{it} \quad (7.12)$$

$birthpop\_decrease$ 表示因房價上漲而減少的出生人口總數，根據上述計算步驟可以測算，從 2007 年至 2012 年，中國因房價上漲而減少的出生人口總數約為 641 萬人，平均每年減少約 107 萬人，根據國家統計局 2005—2012 年的數據，中國每年新出生人口約為 1,600 萬人，即房價上漲使得中國每年新出生人口降低了 6.3%。可見，房價上漲對人口增長的抑制效應非常明顯。

表 7-2　　　　　　　　　　房價與人口出生率

	Fixed Effect		Difference GMM	
	(1) birthrate	(2) birthrate	(3) birthrate	(4) birthrate
L.birthrate			0.043,9 (0.046,5)	0.040,9 (0.049,6)

表7-2(續)

	Fixed Effect		Difference GMM	
	(1) birthrate	(2) birthrate	(3) birthrate	(4) birthrate
$Ln(hp)$	-0.000,6* (0.000,3)	-0.000,7** (0.000,3)	-0.005,1*** (0.001,5)	-0.004,2*** (0.001,6)
$L.Ln(hp)$	0.000,0 (0.000,4)	-0.000,1 (0.000,4)	-0.002,0*** (0.000,6)	-0.001,7*** (0.000,6)
$Ln(ave\_gdp)$	-0.001,6** (0.000,8)	-0.001,1 (0.000,8)	0.003,4 (0.002,2)	0.002,0 (0.002,3)
$gender\_ratio$		0.001,9*** (0.000,4)		0.001,2*** (0.000,4)
$midgr$		-0.035,5 (0.023,8)		-0.000,4 (0.023,6)
$primgr$		-0.057,1** (0.023,9)		0.007,4 (0.028,6)
$midsc$		0.000,3 (0.000,4)		-0.000,2* (0.000,1)
$primsc$		0.000,2 (0.000,1)		0.000,1 (0.000,2)
$kindergarton$		0.000,3 (0.000,2)		-0.000,1 (0.000,2)
$urban\_ratio$		-0.000,0 (0.000,1)		-0.000,1 (0.000,1)
$age0\_14ratio$		0.008,0 (0.010,7)		-0.066,6*** (0.017,0)
$age15\_64ratio$		0.022,1*** (0.004,5)		0.035,8*** (0.006,7)
$unmarried\_ratio$		-0.028,9*** (0.009,3)		-0.021,3* (0.011,4)
$year\_dummy$	YES	YES	YES	YES
constant	0.031,7*** (0.008,2)	0.013,0 (0.009,4)		
N	2,449	2,449	2,035	2,035
$chi2\ p-value$			0.000,0	0.000,0

表7-2(續)

	Fixed Effect		Difference GMM	
	(1)	(2)	(3)	(4)
	birthrate	birthrate	birthrate	birthrate
AR(1) p-value			0.000,8	0.001,9
AR(2) p-value			0.496,0	0.454,0
Hansen-J p-value			0.226,9	0.446,0

註：上標「***」「**」「*」分別表示在1%、5%和10%的顯著性水準上參數估計結果可信。用於估計計量模型的數據來源於《中國區域經濟統計年鑑》(2006—2013)。

2. 房價絕對水準與房價增長率的差異化影響

在差分GMM估計中，住房價格對數的估計系數實質上反應的是房價增長率的變化對人口出生率的影響。厘清是房價絕對水準降低了人口出生率還是房價增速降低了人口出生率這一問題非常重要，因為二者具有不同的政策含義。若是房價絕對水準降低了人口出生率，那麼，房地產調控政策應著力於降低房價，若是房價增速降低了人口出生率，那麼，房地產調控政策應著力於穩定房價及居民對未來房價走勢的預期，避免房價暴漲或暴跌。為識別上述影響機制，本章分別將樣本按照房價絕對水準和房價年平均增速劃分為：高房價地區、低房價地區以及高房價增速地區、低房價增速地區進行分析。其中，房價絕對水準是每個城市2005—2012年的住房均價，房價增速是每個城市2005—2012年的年增長率的均值。可以預計，若是房價絕對水準降低了人口出生率，那麼，這一影響在高房價地區更大，同樣地，若是房價增速降低了人口出生率，那麼，這一影響在房價高增速地區更強。

表7-3的模型(1)至(4)列出了房價絕對水準與房價增長率對人口出生率的差異化影響。模型(1)和(2)的估計結果顯示，儘管住房價格在高房價地區對人口出生率具有負向影響，而在低房價地區對人口出生率具有正向影響，但估計系數並不顯著異於零，這表明，房價對人口出生率的影響在高房價地區和低房價地區是無顯著差異的。模型(3)和(4)的估計結果顯示，在低房價增速地區，房價對人口出生率無顯著影響，但在高房價增速地區，房價顯著負向影響人口出生率。綜合上述結果可以得出，房價對人口出生率的影響並非是由房價過高所致，而主要是由於房價上漲過快。因此，就促進人口生育而言，當前房地產調控政策應著力於穩定房價及居民對未來房價走勢的預期，避免房價暴漲或暴跌。

表7-3　房價絕對水準與房價增長率的差異化影響（差分GMM）

	(1) 低房價 地區	(2) 高房價 地區	(3) 低房價增 長率地區	(4) 高房價增 長率地區	(5) 金融危機 期間	(6) 非金融 危機期間
	birthrate	birthrate	birthrate	birthrate	birthrate	birthrate
L. birthrate	0.024,5	-0.060,5	0.125,3	-0.020,1	0.065,3	0.017,4
	(0.048,6)	(0.092,5)	(0.119,2)	(0.047,8)	(0.102,0)	(0.059,1)
Ln（hp）	-0.000,2	-0.000,6	-0.004,2	-0.002,5**	-0.000,9	-0.004,7**
	(0.001,7)	(0.001,2)	(0.003,8)	(0.001,0)	(0.002,2)	(0.002,3)
L. Ln（hp）	0.000,3	-0.000,2	-0.001,3	-0.001,3***	-0.000,2	-0.001,9**
	(0.000,9)	(0.000,7)	(0.001,5)	(0.000,5)	(0.000,9)	(0.000,9)
Controls	YES	YES	YES	YES	YES	YES
year_dummy	YES	YES	YES	YES	YES	YES
N	1,150	885	1,072	963	1,038	997
chi2 p-value	0.000,0	0.000,0	0.000,0	0.000,0	0.000,0	0.000,0
AR(1) p-value	0.000,6	0.092,7	0.018,7	0.000,6	0.013,9	0.000,0
AR(2) p-value	0.824,5	0.995,3	0.137,1	0.774,3	0.270,0	0.867,2
Hansen-J p-value	0.162,5	0.173,8	0.101,6	0.485,3	0.142,0	0.537,4

註：括號裡是聚類到城市的穩健標準誤。「Controls」表示控制變量，限於篇幅，未列出。上標「***」「**」「*」分別表示在1%、5%和10%的顯著性水準上參數估計結果可信。用於估計計量模型的數據來源於《中國區域經濟統計年鑑》（2006—2013）。

3. 金融危機與非金融危機期間的差異化影響

根據適應性預期理論，居民可通過過去房價的增速來判斷未來房價的走勢。因此，過去房價的增速實際上反應了居民對未來房價走勢的預期，當有一些外生衝擊改變居民的預期時，居民可能因此而改變經濟決策。2008年的全球金融危機對中國經濟也造成了巨大影響，特別是房地產市場，國家統計局數據顯示，從2005年到2012年，住房價格僅在2008年出現負增長。這一外生衝擊是否通過改變居民對房價的預期而影響人口出生率？利用這一外生衝擊可對房價增速影響人口出生率的結論予以進一步驗證。參照Dettling和Kearney（2014）的研究，本章將2007—2009年視為金融危機期間，將其他年份視為非金融危機期間。

表7-3的模型（5）和（6）分別考察了在金融危機與非金融危機期間，房價對人口出生率的差異化影響。可以發現，房價對人口出生率的影響僅在非金融危機期間具有顯著的負向影響，而在金融危機期間的影響並不顯著。由此

可見，2008年的全球金融危機可能改變了中國居民對房價走勢的預期，進而改變了生育決策，由於在2008年，房價的絕對水準僅有微弱的下降①，這進一步證明了是房價增速而非房價絕對水準降低了人口出生率。

4. 利用限購作為外生衝擊——DID估計

為抑制房價的過快上漲，2005—2012年，政府出抬了許多調控房地產市場發展的政策。由於一些政策只針對部分房價上漲過快的城市，而對其他城市則沒有限制，這使得本章可以採用經典的雙重差分模型（Difference-in-difference）來更好地識別房價對人口出生率的因果影響。本小節將利用住房「限購令」這一外生衝擊來識別房價上漲對人口出生率的因果影響。

2010年4月，《國務院關於堅決遏制部分城市房價過快上漲的通知》出抬，限制居民在城鎮購買多套住房的政策開始在一些房價上漲過快的城市實施，即所謂的「限購令」。比如，北京市政府迅速制定並發布《北京市人民政府貫徹落實國務院關於堅決遏制部分城市房價過快上漲文件的通知》（以下簡稱《通知》），要求自《通知》發布之日起，同一購房家庭只能新購買一套商品住房。從國務院的《通知》出抬開始至2010年年底，北京市、上海市、廣州市、深圳市等16個城市先後公布了「限購令」，成為中國第一批開始進行住房限購的城市。緊接著，2011年1月，國務院繼續出抬了《國務院辦公廳關於進一步做好房地產市場調控工作有關問題的通知》，簡稱「新國八條」。「新國八條」出抬後，武漢、成都、青島等30個城市開始成為第二批限制居民在城鎮購買多套住房的城市。隨著時間的推移，限購政策的力度逐漸嚴厲，並且越來越明確和細化，而且限購措施在短期內並沒有取消的趨勢，即使部分城市規定了限購的截止時間，如廈門、福州、濟南這3個城市規定限購政策的截止時間為2011年12月31日，但在限購令到期後，各城市均宣布繼續實施限購政策。截至2012年年底，46個已經實施限購的城市仍在繼續實施限購。

住房「限購令」政策實施後，一些學者對該政策的實施效果進行了評估，這些研究均發現「限購令」在一定程度上抑制了住房價格的過快上漲（王敏，黃瀅，2013；張德榮，鄭曉婷，2013；鄧柏峻，等，2014）。前文的研究結果表明，住房價格過快上漲對人口出生率有顯著的負向影響，因此，一個自然的問題便是，住房「限購令」是否通過抑制房價過快上漲而提高了人口出生率？本章採用標準的雙重差分（DID）模型來分析這一問題，基本的模型設定如下：

---

① 國家統計局數據顯示，2008年全國住房價格均價為3,800元/平方米，僅比2007年低約64元。

$$birthrate_{it} = \gamma_0 + \gamma_1 xiangou_i * post_{it} + X_{it}\Gamma + city\_dummy_i + year\_dummy_t$$
$$+ u_{it} \qquad (7.13)$$

$xiangou_i$ 是表示第 i 個觀測單元（包括地級市、直轄市的區或縣）是否實施住房限購的啞變量，若實施了住房「限購令」則其取值為1，否則取值為0。由於本章將4個直轄市所轄區/縣視為獨立的觀測單元，而在四個直轄市中，除重慶沒有實施「限購令」外，其他三個城市均實施了「限購令」。因此，限購觀測單元實際為98個，其中，地/州級城市43個，北京、天津、上海3個直轄市所轄區/縣城市55個，非限購觀測單元323個[①]。可見，採用四個直轄市的區縣信息的好處是增加了限購觀測單元的數目。$post_{i(t)}$ 是表示第 i 個觀測單元在第 t 年是否實施住房「限購令」的啞變量，若實施了住房「限購令」，則其取值為1，否則取值為0。其餘變量的含義與式（7.7）相同。γ_1 便是住房「限購令」實施後對人口出生率的政策效果。

使DID模型估計結果可信的關鍵假設是實驗組和控制組是隨機分配的，這一假設在本章的分析中可能並不能得到滿足，因為「限購令」是否在一個城市實施，在很大程度上是由其房價上漲速度決定的，「新國八條」明確規定各直轄市、計劃單列市、省會（自治區）城市和房價上漲過快的城市在一定時期內要從嚴制定和執行住房限購措施，這將導致限購政策的實施存在自選擇。針對這類問題，我們可以在基本的DID模型，即式（7.7）中加入每個城市的時間趨勢項來加以緩解（Wooldridge，2002），這一模型被稱為相關隨機趨勢模型，王敏、黃瀅（2013）基於該模型考察了限購對住房價格的影響。加入時間趨勢項的計量模型如下：

$$birthrate_{it} = \gamma_0 + \gamma_1 xiangou_i * post_{it} + X_{it}\Gamma + city\_dummy_i + year\_dummy_t$$
$$+ city\_dummy_i * t + u_{it} \qquad (7.14)$$

$city\_dummy_i * t$ 表示每個觀測單元的人口增長趨勢。其餘變量的含義與式（7.7）相同。

表7-4的模型（1）、（2）、（3）列出了「限購令」對人口出生率的影響的估計結果。估計結果顯示，無論是否控制其他控制變量、時間趨勢項，住房限購政策的實施均顯著提高了人口出生率。以僅加入控制變量的估計結果為例，住房「限購令」使人口出生率提高了1.6個千分點，在1%的顯著性水準上可信。這一估計系數有兩層經濟含義：第一，假如未實施住房限購的觀測單元在2012年開始實施限購，那麼，限購可使這些觀測單元的人口出生率在均

---

① 在實際迴歸分析中，由於部分變量存在缺失值，有效樣本會有所不同。

值水準（0.012,4）的基礎上提高約 12.9%①。第二，假如已經實施住房限購的觀測單元沒有實施住房限購，那麼，這些觀測單元的人口出生率將比目前的水準低 1.6 個千分點，樣本中，限購觀測單元在住房限購實施後的人口出生率的均值為 10.28‰，因此，若不實施住房限購，這些觀測單元的人口出生率將比目前的水準低 15.6%。可見，住房限購對人口出生率具有較大的正向促進作用。

為進一步證實住房限購通過抑制房價過快上漲而提高了人口出生率，本章繼續考察了限購對房價的影響。表7-4 的模型（4）、（5）、（6）列出了以住房價格對數作為被解釋變量的 DID 估計結果，結果顯示，無論是否加入控制變量、時間趨勢項，住房限購政策均顯著抑制了房價的過快上漲。以僅加入控制變量的估計結果為例，住房限購使房價降低了 4.35 個百分點，在 5% 的顯著性水準上可信。其經濟含義為，若不實施限購，這些已實施限購的觀測單元的住房價格將比目前的水準高 4.35%，這一結果與以往的研究結論一致（王敏，黃瀅，2013；張德榮，鄭曉婷，2013；鄧柏峻，等，2014）。可見，住房限購抑制房價過快上漲的政策效果顯著。最後，如果住房「限購」這一外生衝擊確實具有通過抑制房價過快上漲而促進人口生育的政策效果，那麼，我們就可以採用是否限購作為房價的工具變量來做兩階段最小二乘估計（2SLS），表7-4 模型（7）報告了兩階段最小二乘估計結果，可以發現，房價上漲對人口出生率具有顯著負向影響②，這表明，住房限購通過抑制房價過快上漲對提高人口出生率產生了積極影響。

表 7-4　　　　　　　限購對人口出生率和房價的影響

	DID						2SLS
	(1)	(2)	(3)	(4)	(5)	(6)	(7)
	birthrate	birthrate	birthrate	Ln(hp)	Ln(hp)	Ln(hp)	birthrate
xiangou * post	0.001,3***	0.001,6***	0.001,8***	−0.056,0***	−0.043,5**	−0.073,1**	
	(0.000,3)	(0.000,4)	(0.000,6)	(0.019,3)	(0.019,7)	(0.035,4)	
Ln(hp)							−0.036,8**
							(0.016,4)
Ln(ave_gdp)		−0.000,1	−0.000,9		0.094,4*	0.029,8	0.003,4
		(0.000,8)	(0.001,8)		(0.054,9)	(0.143,6)	(0.002,7)
gender_ratio		0.001,5***	0.001,1***		0.093,2***	0.007,4	0.005,0***
		(0.000,4)	(0.000,4)		(0.028,3)	(0.027,5)	(0.001,8)

① 沒有實施住房限購的地區在 2012 年的人口出生率為 12.40‰。
② 與差分 GMM 估計結果相比，工具變量估計結果偏大，其原因可能是工具變量估計的是局部平均處理效應（LATE），因此，應謹慎解讀本章中的工具變量估計結果。

表7-4(續)

	DID						2SLS
	(1)	(2)	(3)	(4)	(5)	(6)	(7)
	birthrate	birthrate	birthrate	Ln(hp)	Ln(hp)	Ln(hp)	birthrate
midgr		−0.010,6	−0.001,7		1.186,7	2.417,8	0.033,1
		(0.023,8)	(0.029,3)		(1.740,1)	(2.189,2)	(0.057,7)
primgr		−0.081,8***	0.044,3		−2.967,4	−2.485,7	−0.191,1**
		(0.026,1)	(0.041,3)		(2.094,4)	(2.766,1)	(0.078,4)
midsc		0.000,6	0.000,1		−0.013,8	−0.047,3	0.000,1
		(0.000,7)	(0.000,3)		(0.025,0)	(0.034,4)	(0.001,1)
primsc		0.000,2	−0.000,5*		0.026,3***	0.027,3	0.001,1**
		(0.000,1)	(0.000,3)		(0.008,5)	(0.032,8)	(0.000,5)
kindergarton		0.000,4**	0.000,1		−0.008,0	0.000,5	0.000,1
		(0.000,2)	(0.000,2)		(0.010,3)	(0.011,0)	(0.000,3)
urban_ratio		0.000,0	−0.000,2		0.011,5***	0.001,1	0.000,5**
		(0.000,1)	(0.000,2)		(0.003,7)	(0.006,6)	(0.000,2)
age0_14ratio		0.004,7	−0.042,6**		−1.656,7***	−0.572,7	−0.056,3*
		(0.009,9)	(0.021,7)		(0.541,9)	(0.798,6)	(0.032,0)
age15_64ratio		0.022,9***	0.034,6***		0.641,1**	0.119,2	0.046,6***
		(0.004,7)	(0.007,7)		(0.253,1)	(0.323,6)	(0.013,2)
unmarried_ratio		−0.035,2***	−0.025,7*		−0.107,8	−0.212,2	−0.039,1***
		(0.009,3)	(0.013,5)		(0.294,1)	(0.306,8)	(0.012,2)
city_dummy	YES	YES	YES	YES	YES	YES	YES
year_dummy	YES	YES	YES	YES	YES	YES	YES
city_dummy*t	NO	NO	YES	NO	NO	YES	NO
constant	0.012,8***	−0.001,8	−0.455,0	6.653,9***	5.064,7***	−278.278,0**	0.184,8***
	(0.000,1)	(0.008,6)	(1.397,4)	(0.010,1)	(0.529,8)	(126.751,3)	(0.079,9)
N	2,842	2,842	2,842	2,842	2,842	2,842	2,842
Adjust−R^2	0.571	0.584	0.611	0.922	0.924	0.938	0.778,5

註：括號裡是歸類到城市的穩健標準誤。上標「***」「**」「*」分別表示在1%、5%和10%的顯著性水準上的參數估計結果可信。用於估計計量模型的數據來源於《中國區域經濟統計年鑒》(2006—2013)。

5. DID 估計的穩健性檢驗

為保證 DID 模型估計結果的穩健性，本章做一個安慰劑測試（Placebo Test）。具體思路如下，假如「限購令」確實提高了人口出生率，那麼，在「限購令」實施之前，限購城市與非限購城市之間的政策效應（Treatment Effect）應該為零。假定「限購令」分別在 2006 年、2007 年、2008 年、2009 年開始實施（實質上並未實施），採用 DID 模型來估計這些虛擬的政策產生的

效果。表7-5列出了安慰劑測試的估計結果,可以發現,在「限購令」實施之前(2010年以前),限購城市與非限購城市之間的政策效應均不顯著異於零。這反過來說明,在「限購令」實施以後,限購城市人口出生率的提高確實是由住房限購這一政策引起的。

表7-5　　　　　　　　　　DID估計結果的安慰劑測試

	(1)	(2)	(3)	(4)
	2006	2007	2008	2009
	birthrate	*birthrate*	*birthrate*	*birthrate*
*xiangou * post*	−0.000,1	−0.000,2	−0.000,2	−0.000,2
	(0.000,3)	(0.000,3)	(0.000,3)	(0.000,3)
Controls	YES	YES	YES	YES
city_dummy	YES	YES	YES	YES
year_dummy	YES	YES	YES	YES
constant	0.019,6**	0.020,3**	0.020,5**	0.020,6**
	(0.008,6)	(0.008,8)	(0.008,9)	(0.008,9)
N	2,749	2,749	2,749	2,749
$Adjust-R^2$	0.565,3	0.565,4	0.565,4	0.565,5

註:括號裡是聚類到城市的穩健標準誤。「*Controls*」表示控制變量,限於篇幅,未列出。上標「***」「**」「*」分別表示在1%、5%和10%的顯著性水準上參數估計結果可信。用於估計計量模型的數據來源於《中國區域經濟統計年鑑》(2006—2013)。

前文的分析提到,當實驗組和控制組的分配是非隨機時,實驗組和控制組之間可能存在天然的差異,即使沒有發生任何外生衝擊,這一差異也可能導致二者在時間趨勢上具有不同的走勢。也就是說,如果觀測到實驗組和控制組在政策發生之前就具有不同的時間趨勢,這就表明實驗組和控制組確實存在自選擇,反之則提供了實驗組和控制組可能隨機的證據。本章採用兩種方法來描述限購城市與非限購城市的人口出生率的時間趨勢,首先,直接繪製限購城市與非限購城市的人口出生率走勢圖,圖7-2中的圖a描述了兩類城市人口出生率的走勢,可以發現,在「限購令」實施之前,限購城市與非限購城市的人口出生率走勢非常相似,但在「限購令」實施後,限購城市的人口增長明顯快於非限購城市。其次,在控制其他因素的條件下來預測限購城市與非限購城市每年的人口出生率差異,這些因素包括本章選取的控制變量、城市固定效應和時間固定效應,圖7-2中的圖b描述了這一差異的走勢,可以發現,控制其他因素後,限購城市與非限購城市的人口出生率差異在「限購令」實施之前非

常平穩，但在「限購令」實施後，這一差異開始逐年遞增。綜上所述，沒有證據表明限購城市與非限購城市的人口出生率在「限購令」實施之前的走勢具有顯著差異，這在一定程度上表明 DID 模型的估計結果是可信的。

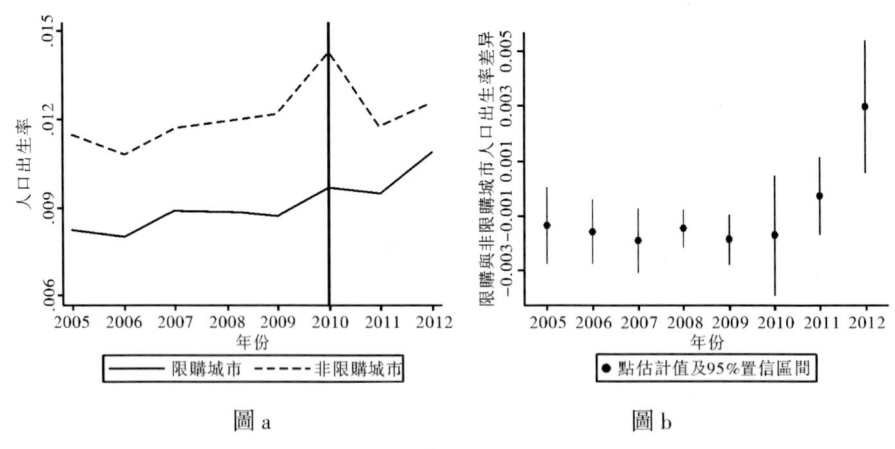

圖 a

圖 b

圖 7-2　限購城市與非限購城市的人口出生率差異

註：圖 a 描述了限購城市與非限購城市人口出生率的走勢，圖 b 描述了限購城市與非限購城市在每一年的人口出生率的預測值的差異，在估計預測值時對本章選取的控制變量、城市固定效應和年份固定效應均進行了控制。圖中數據基於《中國區域經濟統計年鑑》（2006—2013）整理而來。

7.6　進一步分析：生育進度與生育意願

儘管前文的分析發現，房價對人口出生率具有負向影響，但宏觀加總數據無法體現生育進度和生育意願的區別，因此我們無法回答房價上漲是推遲了生育進度還是降低了總的生育意願。回答這一問題具有重要的理論和現實意義，因為，假如房價只影響生育進度而並不影響生育意願，那麼，房價對生育率的影響只是暫時的，長期來講，生育率將不會受房價的影響。從這一結論出發，政府就無需通過抑制房價過快上漲來促進生育。

為檢驗房價上漲是推遲了生育進度還是降低了生育意願，本章利用中國家庭金融調查與研究中心在（China Household Financial Survey, CHFS）2013 年、2015 年、2017 年獲取的三輪抽樣調查數據①以及中國房價行情網（http://

---

① 關於中國家庭金融調查數據的介紹可參考甘犁等（2013）以及中國家庭金融調查與研究中心網站 https://chfs.swufe.edu.cn。

www.creprice.cn/）2009年以來的二手房價格數據和房屋租金數據，試圖從更微觀的視角來回答這一問題。

1. 計量模型設定

首先，在進行深入分析之前，本章利用微觀數據檢驗前文研究結論的穩健性。具體來講，對於每個家庭成員，CHFS均詢問了其出生年份，因此，可以追溯每個家庭在過去的某一年是否生育孩子。由於二手房價格數據和房屋租金數據始於2009年，因此，本章僅追溯家庭在2009—2017年的生育情況。由此可以構造一個年份長度為9年的面板數據。基於該面板數據，可以採用固定效應模型來估計房價對生育的影響。計量模型設定如下：

$$p(birth_{it}=1) = \alpha_0 + \alpha_1 Ln(hp)_{it-1} + \varepsilon_i + v_t + u_{it} \quad (7.15)$$

其中，$birth_{it}$是虛擬變量，取值為1表示家庭i在第t年生育了孩子，否則取值為0，$p(birth_{it}=1)$表示第i個家庭在第t年生育小孩的概率。$Ln(hp)_{it-1}$表示第i個人所在城市滯後一期房價的對數。ε_i表示不隨時間變化的個體固定效應，比如性別、年齡、地方文化傳統等，採用固定效應模型進行估計可以消除ε_i的影響。v_t表示時間固定效應。α_1的經濟含義為，其他因素不變（比如年齡、地方文化傳統等），房價上漲1個百分點，家庭生育小孩的概率將變化$\alpha_1/100$。

同樣地，可以設定如下雙重差分模型來檢驗住房限購對家庭生育的影響：

$$p(birth_{it}=1) = \delta_0 + \delta_1 xiangou_i * post_{it} + \varepsilon_i + v_t + u_{it} \quad (7.16)$$

$xiangou_i$表示第i個家庭是否居住於限購城市，若居住於限購城市則其取值為1，否則取值為0，$post_{it}$是表示第i個家庭在第t年是否實施住房「限購令」的啞變量，若實施了住房「限購令」則其取值為1，否則取值為0。其餘變量的含義與式（7.15）相同。δ_1便是實施住房「限購令」對家庭生育的概率的邊際影響。

除了上述穩健性檢驗外，中國房價行情網還統計了各城市的房屋平均租金。在中國，受傳統文化的影響，擁有住房通常是結婚和生育的必備條件，家庭的生育決策更多受到房屋價格的影響，而不受房屋租金的影響。假如這一結論成立，房屋租金將不會影響家庭的生育決策，那麼，可以利用房屋租金做一個安慰劑測試。計量模型設定如下：

$$p(birth_{it}=1) = \mu_0 + \mu_1 Ln(rent)_{it-1} + \varepsilon_i + v_t + u_{it} \quad (7.17)$$

$Ln(rent)_{it-1}$表示第i個人所在城市滯後一期房屋租金的對數。其餘變量的含義與式（7.15）相同。μ_1便是房屋租金對家庭生育的概率的邊際影響。

其次，本章從結婚成家這一角度來回答房價上漲是否推遲了生育進度。假

如房價導致居民晚結婚，那麼，房價必然導致晚生育。基於這一思路，可以利用中國家庭金融調查 2013 年、2015 年、2017 年的數據構造了個體層面的面板數據，並將其與各地（州）級城市房價的數據相匹配，進而採用固定效應模型分析房價對個體是否結婚產生影響。計量模型設定如下①：

$$p(unmarried_{it} = 1) = \theta_0 + \theta_1 Ln(hp)_{it-1} + \varepsilon_i + u_{it} \qquad (7.18)$$

其中，unmarried 是虛擬變量，取值為 1 表示未婚，取值為 0 表示已婚或結過婚，$p(unmarried_{it} = 1)$ 表示第 i 個人在第 t 年未婚的概率。$Ln(hp)_{it-1}$ 表示第 i 個人所在城市滯後一期房價的對數。ε_i 表示不隨時間變化的個體固定效應，比如性別、年齡、地方文化傳統等，採用固定效應模型進行估計可以消除 ε_i 的影響。θ_1 的經濟含義為，其他因素不變（比如年齡、性別等），房價上漲 1 個百分點，個體未婚的概率將變化 $\theta_1/100$。

最後，為考察房價上漲是否降低了家庭總的生育意願，本章進一步分析房價對家庭生育一孩和多孩的概率的影響。現有研究發現，當前中國居民意願生育的水準為 1.82~1.88（王軍、王廣州，2016），因此，可以通過分析房價對一孩家庭再次生育小孩的概率的影響來回答房價上漲是否降低了總的生育意願。其中，房價對一孩生育率的影響的計量模型為：

$$p(birth\_first_{it_2} = 1 \mid birth_{it_1} = 0) = \theta_0 + \theta_1 Ln(hp)_{it-1} + \varepsilon_i + u_{it}(t_2 > t_1)$$
$$(7.19)$$

$birth_{it_1} = 0$ 表示第 i 個家庭截至 t_1 年沒有小孩，$birth\_first_{it_2} = 1$ 表示第 i 個家庭在第 t_2 年生育第一個小孩。因此，$p(birth\_first_{it_2} = 1 \mid birth_{it_1} = 0)$ 表示家庭生育一孩的概率。θ_1 便是房價上漲對家庭生育一孩的概率的邊際影響。

房價對多孩生育率的影響的計量模型為：

$$p(birth\_more_{it_2} = 1 \mid birth\_first_{it_1} = 1) = \varphi_0 + \varphi_1 Ln(hp)_{it-1} + \varepsilon_i + u_{it}(t_2 > t_1)$$
$$(7.20)$$

$birth\_first_{it_1} = 1$ 表示第 i 個家庭在第 t_1 年生育第一個小孩，$birth\_more_{it_2} = 1$ 表示第 i 個家庭在第 t_1 年生育第一個小孩後，在 t_2 年再次生育小孩。因此，$p(birth\_more_{it_2} = 1 \mid birth\_first_{it_1} = 1)$ 表示已經生育一孩家庭再次生育小孩的概率。φ_1 便是房價上漲對家庭生育多孩的概率的邊際影響。

2. 變量與描述性統計

表 7-6 匯報了微觀數據分析中使用到的相關變量的描述性統計信息。樣

---

① 事實上，分析房價對結婚的影響也可採用與分析房價影響生育相類似的方法，但遺憾的是，CHFS 2017 年的數據未詢問家庭成員結婚的年份，2015 年和 2013 年的調查也僅詢問了受訪者結婚的年份。

本中，未婚個體的比例為 14.45%，2009—2017 年生育小孩的家庭比例為 2.66%，2009—2017 年二手房房屋均價為 6,475 元/平方米、房屋租金為 17 元/平方米。考慮到是否擁有住房是家庭結婚生育的關鍵變量，本章還控制了家庭是否擁有住房，該變量為虛擬變量，當家庭在相應年份有住房，取值為 1，否則取值為 0。

表 7-6　　　　　　　　　微觀數據中變量的描述統計

變量名	變量含義	均值	中位數	標準差	觀測值
unmarried	是否有婚史，無取值為 1，否則取值為 0	0.144,5	0	0.351,6	106,126
birth	是否生育小孩，是取值為 1，否則取值為 0	0.026,6	0	0.160,8	234,589
homeowner	是否擁有住房，是取值為 1，否則取值為 0	0.821,4	1	0.383,1	234,589
hp	二手房房價（單位：元/平方米）	6,475	4,907	5,340	1,419
rent	房屋租金（單位：元/平方米）	17	15	9	1,354

註：「unmarried」根據 CHFS 2013 年、2015 年、2017 年三輪調查數據中的城鎮個體樣本整理而來。「birth」根據 CHFS 2017 年的城鎮家庭樣本數據整理而來。「hp」「rent」根據中國房價行情網（http://www.creprice.cn/）2009 年以來的二手房價格數據和房屋租金數據整理而來。

3. 基於微觀數據的穩健性檢驗

表 7-7 報告了基於微觀數據的穩健性檢驗結果。模型（1）的估計結果顯示，滯後一期房價每提高 10 個百分點，家庭生育小孩的概率將下降 1.5 個千分點，在 1% 的顯著性水準下統計顯著。模型（2）的估計結果顯示，住房限購使家庭生育小孩的概率提高了 4.3 個千分點。模型（3）的估計結果顯示，滯後一期房屋租金對家庭生育無顯著影響，儘管其符號依然為負。模型（4）同時加入了房屋價格和房屋租金變量，結果依然表明只有房屋價格對家庭生育有顯著負向影響，而房屋租金對家庭生育的影響不顯著。這些結果均表明，本章的研究結論是穩健、可信的。

表 7-7　　　　　　　　　基於微觀數據的穩健性檢驗

	(1)	(2)	(3)	(4)
	Fix Effect	DID	Fix Effect	Fix Effect
	birth	birth	birth	birth
L. Ln (hp)	-0.015,0***			-0.016,9***
	(0.004,3)			(0.004,8)
xiangou * post		0.004,3***		
		(0.001,4)		

表7-7(續)

	（1）	（2）	（3）	（4）
	Fix Effect	DID	Fix Effect	Fix Effect
	birth	birth	birth	birth
L. Ln（rent）			-0.007,8	-0.005,6
			(0.004,8)	(0.004,8)
homeowner	0.011,4***	0.011,3***	0.011,1***	0.010,8***
	(0.002,9)	(0.002,5)	(0.003,0)	(0.003,0)
year_dummy	Yes	Yes	Yes	Yes
city_dummy * t	Yes	Yes	Yes	Yes
constant	0.150,9***	0.021,3***	0.041,0***	0.184,5***
	(0.037,9)	(0.002,2)	(0.014,1)	(0.043,8)
N	207,571	245,502	203,464	203,464
R^2	0.002	0.002	0.002	0.002

註：所有模型均採用固定效應模型估計，括號裡是異方差穩健標準誤。上標「***」「**」「*」分別表示在1％、5％和10％的顯著性水準上統計顯著。

4. 生育進度還是生育意願

表7-8報告了房價影響生育進度和生育意願的估計結果。估計結果顯示，其他因素不變，滯後一期房價每提高10個百分點，個體未婚的概率將提高0.002,17，生育一孩的概率下降0.74個千分點，生育多孩的概率下降9.99個千分點。導致上述結果的一個可能原因是，儘管房價上漲加重了養育孩子的成本，但生育一個小孩依然是絕大多數家庭的基本需求，因此，房價上漲只是推遲了家庭生育一孩的時間。然而，生育多孩意味著家庭需要換購更大的住房、付出更高的生育成本，且多孩可能並非大多數家庭的必需品，因此，房價上漲對家庭生育多孩的影響更大。由此可見，房價上漲不僅通過推遲結婚延緩了生育進度，而且抑制了家庭總的生育意願。

表7-8　　　　　房價對生育進度和生育意願的影響

	（1）	（2）	（3）
	unmarried	birth_first	birth_more
L. Ln（hp）	0.021,7**	-0.007,4**	-0.099,9***
	(0.010,8)	(0.003,7)	(0.023,4)
homeowner	-0.041,3***	0.008,4***	0.007,0
	(0.010,4)	(0.002,7)	(0.009,0)

表7-8(續)

	(1) unmarried	(2) birth_first	(3) birth_more
year_dummy	Yes	Yes	Yes
city_dummy * t	Yes	Yes	Yes
constant	0.006,3 (0.096,3)	0.079,0** (0.033,0)	0.889,5*** (0.206,0)
N	106,126	200,299	25,169
R^2	0.014	0.002	0.012

註：所有模型均採用固定效應模型估計，括號裡是聚類到城市的穩健標準誤。上標「***」「**」「*」分別表示在1%、5%和10%的顯著性水準上統計顯著。

7.7 結論與政策啟示

本章利用中國城市層面2005—2012年的面板數據以及中國家庭金融調查2013年、2015年、2017年的數據，採用差分GMM模型和雙重差分模型考察了住房價格對人口出生率的影響。本章的研究結論主要有：第一，房價對人口出生率有顯著負向影響，當期房價每提高一倍，當期人口出生率將下降4.2‰，上一期房價每提高一倍，當期人口出生率將下降1.7‰。第二，房價對人口出生率的負向影響並非是由房價過高所致，而是由於房價上漲過快所致。第三，利用2010年開始在部分城市實施的住房限購政策建立雙重差分模型的估計結果顯示，住房限購使人口出生率提高了約1.6個千分點，且同時使房價降低了4.35個百分點，這表明住房限購通過抑制房價過快上漲而對提高人口出生率產生了積極影響。第四，基於中國家庭金融調查2013年、2015年、2017年數據的檢驗進一步支持了上述結論，並且發現房價上漲不僅推遲了生育進度，而且降低了生育率。

本章的研究具有重要的政策含義。首先，當前中國正處在加速進入人口老齡化階段，且人口生育率已在相當長時間內低於2.1的更替水準，為緩解人口老齡化和低生育率對經濟發展帶來的不利影響，政府採取了一系列有利於促進居民生育的政策，但目前來看，這些政策的效果甚微。本章的研究表明，抑制房價的過快上漲有助於提高人口出生率。其次，本章的研究發現，房價對人口出生率的負向影響並非是由於房價過高所致，而是房價上漲過快所致。根據適應性預期理論，過去房價的增速實際上反應了居民對未來房價走勢的預期。因

此，就促進人口生育而言，當前房地產調控政策應著力於穩定房價。再次，本書對住房限購政策的評估表明，當期一些房價上漲過快的城市有必要繼續實施住房限購來抑制房價過快上漲，這將有利於促進人口生育。最後，儘管房價上漲對總體人口出生率有負向影響，但本章的理論分析表明，房價上漲對有房家庭的人口出生率可能具有正向影響，但這取決於住房的流動性，因此，可通過完善二手交易市場來促進有房家庭生育。

8 全書結論、政策含義與研究展望

本書前面各章依次討論了住房對家庭消費、創業以及婚姻、生育、養老觀的影響，本章對前文各章的研究結論進行總結和回顧，並提出相應的政策建議，最後指出今後可進一步研究的方向。

8.1 研究結論與政策含義

第一，住房財富效應在中國顯著存在，且住房具有緩解流動性約束而促進消費的影響機制。本書從住房產權、家庭收入兩個方面考察了住房財富是否具有緩解流動性約束而促進消費的影響機制。結果發現，具有抵押融資功能的完全產權住房的財富效應高於不可抵押的無產權住房，且這一差異主要源於住房對耐用品、住房裝修維修支出的影響；受流動性約束程度更嚴重的低收入家庭的住房財富效應更高，且這一差異主要源於住房對食品衣著支出的影響。通過研究發現，完全產權住房價值越高，家庭持有信用卡的概率越高，完全產權住房可幫助家庭在購房或購車時更容易地獲得消費信貸，且擁有完全產權住房的家庭在購房或購車時參與非正規金融市場的概率更低，而不完全產權住房則不具上述影響。這些證據均表明，住房具有緩解流動性約束而促進消費的影響機制，但住房能在多大程度上緩解流動性約束依賴於住房產權的完備性。本書還發現，租房、有購房計劃和償還房貸的家庭的住房財富效應更低，即購房負擔會抑制住房財富效應的發揮。

上述研究結論表明，政府應逐步提高住房擁有率，並完善住房產權，在嚴格監管的前提下優化住房在消費信貸市場中的作用，比如准許農民住房可抵押、可擔保，由此可創造新的消費增長點。同時，由於購房負擔會抑制住房財

富效應的發揮，政府應採取政策減輕居民的購房負擔，這既可直接促進消費，又可增強住房財富效應，具有「一箭雙雕」的效果。

第二，「房奴效應」是中國居民消費持續低迷的重要原因之一，且「房奴效應」強於財富效應。本書數據顯示，為購房而儲蓄的動機使家庭總消費降低了 10.3%，償還住房貸款抑制了 13.8% 的家庭消費。我們進一步的分析發現，購房動機通過降低邊際消費傾向而擠出了消費，且預期房價增長速度越快，購房動機對消費的擠出效應越強，有購房動機的家庭的邊際消費傾向越低，而償還住房貸款使家庭遭受了嚴重的流動性約束，其表現為房貸收入比更高的家庭在還清住房貸款後的消費增加得更多。以貨幣量測算，平均對每個家庭而言，從 2010 年到 2012 年，「房奴效應」擠出的消費約比住房財富效應促進的消費高出 738 元。因此，對整個經濟社會而言，為購房而儲蓄的動機與購買住房產生的「房奴效應」已超過住房財富升值產生的財富效應，沉重的購房負擔成為促進消費、擴大內需的阻礙。

上述結論的政策含義在於：第一，從長期來看，靠刺激房地產來拉動經濟增長的政策不利於擴大內需。無論是降息還是降低首付比例都可能治標不治本，這些政策可能在短期拉動經濟增長，實現「保 7」的增長目標，但只要房價居高不下，購房門檻的降低只會讓更多的人成為「房奴」，且擺脫「房奴」身分的週期變得更長，由此將導致居民消費被長期抑制。政府應減少對房地產市場的干預，讓市場這只「無形的手」充分發揮其最優配置資源的功效，通過讓房價合理迴歸來提高居民購買住房的支付能力，從而避免大量「房奴」的產生，這是促進消費、擴大內需的有效途徑。第二，當前中國經濟發展進入新常態，經濟增速放緩成為必然，此時，鼓勵買房不僅會使家庭債務規模進一步擴大，增加「債務-通貨緊縮」危機爆發的風險，同時，家庭過高地將資產配置於房產也不利於家庭抵抗經濟波動帶來的風險。從這方面講，政府應引導居民合理配置資產，比如通過完善金融市場來提供多元的投資渠道、鼓勵創業等，以減少居民通過高「槓桿」的方式過度配置房產的行為。

第三，住房具有緩解融資約束而促進創業的功效，但這一影響依賴於住房是否具有完備的產權。本書數據顯示，家庭擁有完全產權住房可顯著提高家庭參與創業的概率，並顯著降低家庭退出創業的概率，進一步來說，擁有完全產權住房可顯著降低家庭創業時受到的信貸配給，且擁有完全產權住房的家庭更有可能獲得抵押貸款。相反，對於無房或擁有不完全產權住房的家庭，上述效應並不顯著。這些證據均表明，可抵押的住房通過緩解創業融資約束而促進了

家庭參與創業，不可抵押的住房不利於家庭創業。由於不完全產權住房主要在農村地區，因此，政府應建立城鄉統一的住宅建設用地市場，准許農民住房財產可抵押、可擔保，由此可進一步提高整個經濟社會的創業活力。

第四，高房價顯著改變了人們傳統的婚姻觀、生育觀、養老觀，且高房價對人口出生率有顯著負向影響。本書數據顯示，房價越高，人們能接受子女單身的概率越高，能接受子女不要小孩的概率越高，生女偏好的願望更強烈，「養兒防老」的觀念更弱，希望子女承擔養老負擔及希望與子女同住的概率越高。本書還發現，當期房價和滯後一期房價顯著降低了當期人口出生率，並且發現房價上漲不僅推遲了生育進度，還降低了總和生育率。這為「房價改變生育觀，進而改變生育行為」的影響路徑提供了重要的證據。該研究結論的政策含義在於，政府應警惕高房價對家庭經濟行為的非正常改變，保持房地產市場健康、穩定發展，並逐步完善社會養老保障體系。

8.2 研究展望

首先，儘管本書試圖通過分析住房如何影響家庭微觀經濟行為來揭示住房影響宏觀經濟的微觀渠道，但由於數據的限制，本書無法深入考察家庭所有的經濟行為。住房作為家庭最重要的財富之一，由於其兼具消費品和投資品的雙重屬性，它的變化必然影響家庭經濟活動的各方面，比如家庭資產配置（陳永偉，2015）、勞動力流動（Zabel, 2012; Plantinga, et al., 2013）、勞動力供給（Jacob & Ludwig, 2012; Zhao & Burge, 2016）、人力資本投資（Lovenheim, 2011; 陳永偉，2014）、遺贈（Nakagami & Pereira, 1991）、政治參與（Dietz & Haurin, 2003; 李駿, 2009）等。未來可深入研究住房對家庭其他經濟活動的影響，以更全面地反應住房影響宏觀經濟的微觀渠道。

其次，本書的結論顯示，完善住房產權可促進消費和提高創業活力。近年來，為拓寬農民融資渠道，促進農民創業增收，一些地方已開始准許農民將住房用於抵押貸款，比如萊蕪市與成都市[①]、重慶市、湖北省襄陽市和鐘祥市也在開展農村土地承包經營權抵押貸款試點，未來對這些地區政策實施的效果進行評估可對本書的結論予以進一步驗證。

[①] 詳見《萊蕪市集體土地房屋抵押貸款管理辦法（試行）》(2009)、《成都市農村房屋抵押融資管理辦法（試行）》(2010)。

最後，由於數據的限制，本書試圖通過分析房價對傳統婚姻觀、生育觀與養老觀的影響來間接揭示房價影響居民婚姻、生育與養老的作用機制，且僅詳細分析了房價對居民生育行為的影響，尚無法提供房價影響婚姻與養老行為的微觀證據。未來，學者們可利用對家庭的長期追蹤數據對此展開更深入的研究。

參考文獻

[1] 艾春榮，汪偉. 習慣偏好下的中國居民消費的過度敏感性——基於1995—2005年省際動態面板數據的分析 [J]. 數量經濟技術經濟研究，2008，25 (11)：98-114.

[2] 陳斌開，李濤. 中國城鎮居民家庭資產—負債現狀與成因研究 [J]. 經濟研究，2011，46 (1)：55-66.

[3] 陳斌開，楊汝岱. 土地供給、住房價格與中國城鎮居民儲蓄 [J]. 經濟研究，2013，48 (1)：110-122.

[4] 陳健，陳杰，高波. 信貸約束、房價與居民消費率——基於面板門檻模型的研究 [J]. 金融研究，2012 (4)：45-47.

[5] 陳衛，靳永愛. 中國婦女生育意願與生育行為的差異及其影響因素 [J]. 人口學刊，2011 (2)：3-13.

[6] 陳衛，吳麗麗. 中國人口遷移與生育率關係研究 [J]. 人口研究，2006 (1)：13-20.

[7] 陳訓波，周偉. 家庭財富與中國城鎮居民消費：來自微觀層面的證據 [J]. 中國經濟問題，2013 (2)：46-55.

[8] 陳彥斌，邱哲聖. 高房價如何影響居民儲蓄率和財產不平等 [J]. 經濟研究，2011，46 (10)：25-38.

[9] 陳永偉，史宇鵬，權五燮. 住房財富、金融市場參與和家庭資產組合選擇——來自中國城市的證據 [J]. 金融研究，2015 (4)：1-18.

[10] 陳宇，鄧昌榮. 中國婦女生育意願影響因素分析 [J]. 中國人口科學，2007 (6)：75-81，96.

[11] 程鬱，羅丹. 信貸約束下農戶的創業選擇——基於中國農戶調查的實證分析 [J]. 中國農村經濟，2009 (11)：25-38.

[12] 杜莉，沈建光，潘春陽. 房價上升對城鎮居民平均消費傾向的影

響——基於上海市入戶調查數據的實證研究 [J]. 金融研究, 2013 (3): 44-57.

[13] 高波, 陳健, 鄒琳華. 區域房價差異、勞動力流動與產業升級 [J]. 經濟研究, 2012, 47 (1): 66-79.

[14] 高春亮, 周曉豔. 34 個城市的住宅財富效應: 基於 panel data 的實證研究 [J]. 南開經濟研究, 2007 (1): 36-44.

[15] 郭志剛, 張二力, 顧寶昌, 等. 從政策生育率看中國生育政策的多樣性 [J]. 人口研究, 2003 (5): 1-10.

[16] 韓立岩, 杜春越. 城鎮家庭消費金融效應的地區差異研究 [J]. 經濟研究, 2011, 46 (1): 30-42.

[17] 杭斌, 郭香俊. 基於習慣形成的預防性儲蓄——中國城鎮居民消費行為的實證分析 [J]. 統計研究, 2009, 26 (3): 38-43.

[18] 杭斌. 城鎮居民的平均消費傾向為何持續下降——基於消費習慣形成的實證分析 [J]. 數量經濟技術經濟研究, 2010, 27 (6): 126-138.

[19] 何立新, 封進, 佐藤宏. 養老保險改革對家庭儲蓄率的影響: 中國的經驗證據 [J]. 經濟研究, 2008, 43 (10): 117-130.

[20] 何麗芬, 吳衛星, 徐芊. 中國家庭負債狀況、結構及其影響因素分析 [J]. 華中師範大學學報 (人文社會科學版), 2012, 51 (1): 59-68.

[21] 何明生, 帥旭. 融資約束下的農户信貸需求及其缺口研究 [J]. 金融研究, 2008 (7): 66-79.

[22] 何南. 基於 VECM 的中國家庭債務與消費波動: 1997—2011 年 [J]. 經濟學動態, 2013 (7): 65-69.

[23] 洪彩妮. 房價波動影響結婚決策的研究 [J]. 當代青年研究, 2012 (2): 17-23.

[24] 黃靜, 屠梅曾. 房地產財富與消費: 來自於家庭微觀調查數據的證據 [J]. 管理世界, 2009 (7): 35-45.

[25] 黃興海. 中國銀行卡消費與經濟增長的實證研究 [J]. 金融研究, 2004 (11): 72-82.

[26] 黃忠華, 吳次芳, 杜雪君. 房地產投資與經濟增長——全國及區域層面的面板數據分析 [J]. 財貿經濟, 2008 (8): 56-60, 72.

[27] 紀秋發. 北京青年的婚姻觀——一項實證調查分析 [J]. 青年研究, 1995 (7): 19-25.

[28] 賈志科. 20 世紀 50 年代後中國居民生育意願的變化 [J]. 人口與經

濟，2009（4）：24-28，33.

［29］姜全保，李波. 性別失衡對犯罪率的影響研究［J］. 公共管理學報，2011，8（1）：71-80，126.

［30］解堊. 房產和金融資產對家庭消費的影響：中國的微觀證據［J］. 財貿研究，2012，23（4）：73-82.

［31］金燁，李宏彬，吳斌珍. 收入差距與社會地位尋求：一個高儲蓄率的原因［J］. 經濟學（季刊），2011，10（3）：887-912.

［32］況偉大. 預期、投機與中國城市房價波動［J］. 經濟研究，2010，45（9）：67-78.

［33］雷欽禮. 財富累積、習慣、偏好改變、不確定性與家庭消費決策［J］. 經濟學季刊，2009，8（3）：1029-1046.

［34］李駿. 住房產權與政治參與：中國城市的基層社區民主［J］. 社會學研究，2009，24（5）：57-82.

［35］李銳，朱喜. 農戶金融抑制及其福利損失的計量分析［J］. 經濟研究，2007（2）：146-155.

［36］李濤，陳斌開. 家庭固定資產，財富效應與居民消費：來自中國城鎮家庭的經驗證據［J］. 經濟研究，2014，49（3）：62-75.

［37］李燕橋，臧旭恒. 中國城鎮居民預防性儲蓄動機強度檢驗［J］. 經濟學動態，2011（5）：31-36.

［38］李銀河. 當代中國人的擇偶標準［J］. 中國社會科學，1989（4）：61-74.

［39］梁雲芳，高鐵梅，賀書平. 房地產市場與國民經濟協調發展的實證分析［J］. 中國社會科學，2006（3）：74-84.

［40］劉旦. 中國城鎮住宅價格與消費關係的實證研究——基於生命週期假說的宏觀消費函數［J］. 上海財經大學學報，2008（1）：80-87.

［41］劉汶蓉. 孝道衰落？成年子女支持父母的觀念、行為及其影響因素［J］. 青年研究，2012（2）：22-32.

［42］劉西川，楊奇明，陳立輝. 農戶信貸市場的正規部門與非正規部門：替代還是互補？［J］. 經濟研究，2014，49（11）：145-158.

［43］龍志和，王曉輝，孫豔. 中國城鎮居民消費習慣形成實證分析［J］. 經濟科學，2002（6）：29-35.

［44］盧淑華. 婚姻觀的統計分析與變遷研究［J］. 社會學研究，1997（2）：39-49.

[45] 陸益龍. 「門當戶對」的婚姻會更穩嗎?——匹配結構與離婚風險的實證分析 [J]. 人口研究, 2009, 33 (2): 81-91.

[46] 羅楚亮. 經濟轉軌、不確定性與城鎮居民消費行為 [J]. 經濟研究, 2004 (4): 100-106.

[47] 駱祚炎. 城鎮居民金融資產與不動產財富效應的比較分析 [J]. 數量經濟技術經濟研究, 2007 (11): 56-65.

[48] 馬光榮, 楊恩豔. 社會網路、非正規金融與創業 [J]. 經濟研究, 2011, 46 (3): 83-94.

[49] 莫麗霞. 當前中國農村居民的生育意願與性別偏好研究 [J]. 人口研究, 2005 (2): 62-68.

[50] 齊天翔, 李文華. 消費信貸與居民儲蓄 [J]. 金融研究, 2000 (2): 111-116.

[51] 邵朝對, 蘇丹妮, 鄧宏圖. 房價、土地財政與城市集聚特徵:中國式城市發展之路 [J]. 管理世界, 2016 (2): 19-31.

[52] 邵挺, 範劍勇. 房價水準與製造業的區位分佈——基於長三角的實證研究 [J]. 中國工業經濟, 2010 (10): 24-32.

[53] 邵夏珍. 中國城鄉家庭育前和育後生育意願的比較研究 [J]. 中國人口科學, 1999 (1): 20-26.

[54] 宋勃. 房地產市場財富效應的理論分析和中國經驗的實證檢驗: 1998—2006 [J]. 經濟科學, 2007 (5): 41-53.

[55] 唐紹祥, 汪浩瀚, 徐建軍. 流動性約束下中國居民消費行為的二元結構與地區差異 [J]. 數量經濟技術經濟研究, 2010, 27 (3): 81-95.

[56] 唐志軍, 徐會軍, 巴曙松. 中國房地產市場波動對宏觀經濟波動的影響研究 [J]. 統計研究, 2010, 27 (2): 15-22.

[57] 萬廣華, 張茵, 牛建高. 流動性約束、不確定性與中國居民消費 [J]. 經濟研究, 2001 (11): 35-44, 94.

[58] 王國軍, 劉水杏. 房地產業對相關產業的帶動效應研究 [J]. 經濟研究, 2004 (8): 38-47.

[59] 王文春, 榮昭. 房價上漲對工業企業創新的抑制影響研究 [J]. 經濟學 (季刊), 2014, 13 (2): 465-490.

[60] 王子龍, 許簫迪, 徐浩然. 房地產市場財富效應理論與實證研究 [J]. 財貿經濟, 2008 (12): 116-122.

[61] 吳衛星, 徐芊, 白曉輝. 中國居民家庭負債決策的群體差異比較研

究［J］.財經研究,2013,39（3）:19-29.

［62］吳雪瑩,陳如.眾裡尋他千百度——從徵婚啓事看當代人的擇偶標準［J］.青年研究,1996（6）:16-20.

［63］肖華芳,包曉嵐.農民創業的信貸約束——基於湖北省930家農村微小企業的實證研究［J］.農業技術經濟,2011（2）:102-110.

［64］謝潔玉,吳斌珍,李宏彬,等.中國城市房價與居民消費［J］.金融研究,2012（6）:13-27.

［65］謝勇,沈坤榮.住宅產權獲取方式、住宅價值與城鎮居民儲蓄率［J］.世界經濟文匯,2012（5）:52-65.

［66］徐安琪.擇偶標準:五十年變遷及其原因分析［J］.社會學研究,2000（6）:18-30.

［67］徐升豔,夏海勇.人口老齡化機制研究:基於生育率持續下降視角［J］.人口學刊,2011（4）:54-60.

［68］許桂華.家庭債務的變動與居民消費的過度敏感性:來自中國的證據［J］.財貿研究,2013,24（2）:102-109.

［69］顏色,朱國鐘.「房奴效應」還是「財富效應」?房價上漲對國民消費影響的一個理論分析［J］.管理世界,2013（3）:34-47.

［70］楊大楷,俞豔.中國個人消費信貸狀況及風險防範研究［J］.金融論壇,2005（7）:45-50.

［71］楊攻研,劉洪鐘.不同類型債務對經濟增長及波動的影響［J］.經濟學家,2014（4）:31-39.

［72］楊菊華.意願與行為的背離:發達國家生育意願與生育行為研究述評及對中國的啓示［J］.學海,2008（1）:27-37.

［73］楊龍見,陳建偉,徐琰超.財政教育支出降低了人口出生率?［J］.經濟評論,2013（3）:48-55.

［74］楊汝岱,陳斌開.高等教育改革、預防性儲蓄與居民消費行為［J］.經濟研究,2009,44（8）:113-124.

［75］楊汝岱,朱詩娥.公平與效率不可兼得嗎?——基於居民邊際消費傾向的研究［J］.經濟研究,2008（12）:46-58.

［76］楊讚,張歡,陳杰.再購房潛在動機如何影響住房的財富效應?——基於城鎮住戶大樣本調查數據的微觀層面分析［J］.財經研究,2014,40（7）:54-64.

［77］易行健,王俊海,易君健.預防性儲蓄動機強度的時序變化與地區

差異——基於中國農村居民的實證研究 [J]. 經濟研究, 2008 (2): 119-131.

[78] 易君健, 易行健. 房價上漲與生育率的長期下降: 基於香港的實證研究 [J]. 經濟學 (季刊), 2008 (3): 961-982.

[79] 尤丹珍, 鄭真真. 農村外出婦女的生育意願分析: 安徽、四川的實證研究 [J]. 社會學研究, 2002 (6): 52-62.

[80] 徐永定, 李軍. 中國居民消費函數的理論與驗證 [J]. 中國社會科學, 2000 (1): 123-133.

[81] 張清勇, 鄭環環. 中國住宅投資引領經濟增長嗎? [J]. 經濟研究, 2012, 47 (2): 67-79.

[82] 趙西亮, 梁文泉, 李實. 房價上漲能夠解釋中國城鎮居民高儲蓄率嗎?——基於 CHIP 微觀數據的實證分析 [J]. 經濟學 (季刊), 2014, 13 (1): 81-102.

[83] 鄭真真. 中國育齡婦女的生育意願研究 [J]. 中國人口科學, 2004 (5): 75-80.

[84] 周暉, 王擎. 貨幣政策與資產價格波動: 理論模型與中國的經驗分析 [J]. 經濟研究, 2009, 44 (10): 61-74.

[85] 周京奎, 黃徵學. 住房制度改革、流動性約束與「下海」創業選擇——理論與中國的經驗研究 [J]. 經濟研究, 2014, 49 (3): 158-170.

[86] 周京奎. 再議因患寡而患不均: 中國家庭住宅權屬差異及其對內需增長的影響 [J]. 南開經濟研究, 2012 (1): 101-123.

[87] 周紹杰. 中國城市居民的預防性儲蓄行為研究 [J]. 世界經濟, 2010, 33 (8): 112-122.

[88] 朱國林, 範建勇, 嚴燕. 中國的消費不振與收入分配: 理論和數據 [J]. 經濟研究, 2002 (5): 72-80.

[89] 朱喜, 李子奈. 中國農村正式金融機構對農戶的信貸配給——一個聯立離散選擇模型的實證分析 [J]. 數量經濟技術經濟研究, 2008 (3): 37-49.

[90] 莊亞兒, 姜玉, 王志理, 等. 當前中國城鄉居民的生育意願——基於 2017 年全國生育意願調查 [J]. 人口研究, 2014, 38 (3): 3-13.

[91] ADELINO, MANUEL, ANTOINETTE SCHOAR, FELIPE SEVERINO. House prices, Collateral and Self-employment [J]. Journal of Financial Economics, 2015, 117 (2): 288-306.

[92] AOKI K, PROUDMAN J, VLIEGHE G. House Prices, Consumption, and Monetary Policy: A Financial Accelerator Approach [J]. Journal of Financial Inter-

mediation, 2002, 13 (4): 414-435.

[93] ATTANASIO O P, BLOW L, HAMILTON R, et al. Booms and Busts: Consumption, House Prices and Expectations [J]. Economica, 2009, 76 (301): 20-50.

[94] BECKER G S. Human Capital: A Theoretical and Empirical Analysis [J]. Journal of Political Economy, 1964.

[95] BECKER G S. Family Economics and Macro Behavior [J]. American Economic Review, 1988, 78 (1): 1-13.

[96] BERNANKE B S, GERTLER M, GILCHRIST S. The Financial Accelerator in a Quantitative Business Cycle Framework [J]. Handbook of Macroeconomics, 1999: 1341-1393.

[97] BESANKO D, THAKOR A V. Competitive Equilibrium in the Credit Market under Asymmetric Information [J]. Journal of Economic Theory, 1987, 42 (1): 167-182.

[98] BESLEY T. Property Rights and Investment Incentives: Theory and Evidence from Ghana [J]. Journal of Political Economy, 1995, 103 (5): 903-937.

[99] BESTER H. The Role of Collateral in Credit Markets with Imperfect Information [J]. European Economic Review, 1987, 31 (4): 887-899.

[100] BLACK, JANE, DAVID DE MEZA, DAVID JEFFREYS. House prices, the Supply of Collateral and the Enterprise Economy [J]. The Economic Journal, 1996, 106 (434): 60-75.

[101] BOSTIC R, GABRIEL S, PAINTER G. Housing Wealth, Financial Wealth, and Consumption: New Evidence from Micro Data [J]. Regional Science and Urban Economics, 2008, 39 (1): 79-89.

[102] BOUCHER, STEPHEN R, MICHAEL R CARTER, CATHERINE GUIRKINGER. Risk Rationing and Wealth Effects in Credit Markets: Theory and Implications for Agricultural Development [J]. American Journal of Agricultural Economics, 2008, 90 (2): 409-423.

[103] BRACKE, PHILIPPE, CHRISTIAN HILBER, OLMO SILVA. Homeownership and Entrepreneurship [J]. Working paper, 2012.

[104] BROWNING M. Housing Wealth and Consumption: A Micro Panel Study [J]. The Economic Journal, 2013, 123 (568): 401-428.

[105] CALCAGNO R, FORNERO E, ROSSI M C. The Effect of House Prices

on Household Consumption in Italy [J]. Journal of Real Estate Finance and Economics, 2009, 39 (3): 284-300.

[106] CAMPBELL J Y, COCCO J F. How Do House Prices Affect Consumption? Evidence from Micro Data [J]. Journal of Monetary Economics, 2007, 54 (3):591-621.

[107] CARTER, MICHAEL R, PEDRO OLINTO. Getting Institutions「Right」for Whom? Credit Constraints and the Impact of Property Rights on the Quantity and Composition of Investment [J]. American Journal of Agricultural Economics, 2003, 85 (1): 173-186.

[108] CHEN J, GUO F, ZHU A. The Housing-led Growth Hypothesis Revisited: Evidence from the Chinese Provincial Panel Data [J]. Urban Studies, 2011, 48 (10): 2049-2067.

[109] CHETTY R, SZEIDL A. The Effect of Housing on Portfolio Choice [J]. Journal of Finance, 2016.

[110] CORRADIN S, POPOV A. House Prices, Home Equity Borrowing, and Entrepreneurship [J]. Review of Financial Studies, 2015, 28 (8): 2399-2428.

[111] COULIBALY B, LI G. Do Homeowners Increase Consumption after the Last Mortgage Payment? An Alternative Test of the Permanent Income Hypothesis [J]. Review of Economics and Statistics, 2006, 88 (1): 10-19.

[112] COULSON N E, KIM M S. Residential Investment, Non-residential Investment and GDP [J]. Real Estate Economics, 2000, 28 (2): 233-247.

[113] COX D, JAPPELLI T. The Effect of Borrowing Constraints on Consumer Liabilities [J]. Journal of Money, Credit and Banking, 1993, 25 (2): 197-213.

[114] DAVIS M A, HEATHCOTE J. The Price and Quantity of Residential Land in the United States [J]. Ssrn Electronic Journal, Journal of Monetary Economics, 2005, 54 (8): 2595-2620.

[115] DE SILVA W I. Consistency between Reproductive Preferences and Behavior: The Sri Lankan Experience [J]. Studies in Family Planning, 1991: 188-197.

[116] DETTLING L J, KEARNEY M S. House Prices and Birth Rates: The Impact of the Real Estate Market on the Decision to Have a Baby [J]. Journal of Public Economics, 2014, 110 (1): 82-100.

[117] DIETZ R D, HAURIN D R. The Social and Private Micro-level Conse-

quences of Homeownership [J]. Journal of Urban Economics, 2003, 54 (3): 401-450.

[118] DISNEY R, GATHERGOOD J, HENLEY A. House Price Shocks, Negative Equity, and Household Consumption in the United Kingdom [J]. Journal of the European Economic Association, 2010, 8 (6): 1179-1207.

[119] DJANKOV, SIMEONL. Who are China's Entrepreneurs? [J]. American Economic Review, 2006, 96 (2): 348-352.

[120] DYNAN K, MIAN A, PENCE K M. Is a Household Debt Overhang Holding Back Consumption? [J]. Brookings Papers on Economic Activity, 2012, 43 (1): 299-362.

[121] EGGERTSSON G B, KRUGMAN P. Debt, Deleveraging, and the Liquidity Trap: A Fisher-Minsky-Koo Approach [J]. The Quarterly Journal of Economics, 2012, 127 (3): 1469-1513.

[122] ENGELHARDT G V. House Prices and Home Owner Saving Behavior [J]. Regional Science and Urban Economics, 1996, 26 (3): 313-336.

[123] ERMISCH J. Economic Influences on Birth Rates [J]. National Institute Economic Review, 1988, 126 (126): 71-81.

[124] EVANS, DAVID S, BOYAN JOVANOVIC. An Estimated Model of Entrepreneurial Choice under Liquidity Constraints [J]. Journal of Political Economy, 1989, 97 (4): 808-827.

[125] FAIRLIE, ROBERT W, HARRY A. KRASHINSKY. Liquidity Constraints, Household Wealth, and Entrepreneurship Revisited [J]. Review of Income and Wealth, 2012, 58 (2): 279-306.

[126] FEDER G, FEENY D. Land Tenure and Property Rights: Theory and Implications for Development Policy [J]. World Bank Economic Review, 1991, 5 (1): 135-153.

[127] FIELD, ERICA, MAXIMO TORERO. Do Property Titles Increase Credit Access among the Urban Poor? Evidence from a Nationwide Titling Program [J]. Department of Economics, 2006.

[128] FISHER I. The Debt-Deflation Theory of Great Depressions [J]. Econometrica, 1933, 1 (4): 337-357.

[129] FRIEDMAN M. A Theory of the Consumption [J]. Princeton University Press, 1957.

[130] GAN J. Housing Wealth and Consumption Growth: Evidence from A Large Panel of Households [J]. Review of Financial Studies, 2010, 23 (6): 2229-2267.

[131] GAUGER J, SNYDER T C. Residential Fixed Investment and the Macroeconomy: Has Deregulation Altered Key Relationships? [J]. Journal of Real Estate Finance & Economics, 2003, 27 (27): 335-354.

[132] GHENT A C, OWYANG M T. Is Housing the Business Cycle? Evidence from US Cities [J]. Journal of Urban Economics, 2009, 67 (3): 336-351.

[133] GROSS D B, SOULELES N S. Do Liquidity Constraints and Interest Rates Matter for Consumer Behavior? Evidence from Credit Card Data [J]. The Quarterly Journal of Economics, 2002, 117 (1): 149-185.

[134] HALL R E. Stochastic Implications of the Life Cycle-Permanent Income Hypothesis: Theory and Evidence [J]. Journal of Political Economy, 1978, 86 (6): 971-87.

[135] HANSON G H. Market Potential, Increasing Returns and Geographic Concentration [J]. Journal of International Economics, 2005, 67 (1): 1-24.

[136] HECKMAN J J. Dummy Endogenous Variables in a Simultaneous Equation System [J]. Econometrica, 1978, 46 (4): 931-959.

[137] HELPMAN E. The Size of Regions [M]. London: Cambridge University Press, 1998.

[138] HURST, ERIK, ANNAMARIA LUSARDI. Liquidity Constraints, Household wealth, and Entrepreneurship [J]. Journal of Political Economy, 2004, 112 (2): 319-347.

[139] IACOVIELLO M. Consumption, House Prices, and Collateral Constraints: A Structural Econometric Analysis [J]. Journal of Housing Economics, 2004, 13 (4): 304-320.

[140] IACOVIELLO M. House Prices, Borrowing Constraints, and Monetary Policy in the Business Cycle [J]. American Economic Review, 2005, 95 (3): 739-764.

[141] JACOB B, LUDWIG J. The Effects of Housing Assistance on Labor Supply: Evidence from a Voucher Lottery [J]. American Economic Review, 2012, 102 (1): 272-304.

[142] JOHNSON K W, LI G. The Debt-payment-to-income Ratio as an Indi-

cator of Borrowing Constraints: Evidence from Two Household Surveys [J]. Journal of Money, 2010, 42 (7): 1373-1390.

[143] KOCHAR, ANJINI. An Empirical Investigation of Rationing Constraints in Rural Credit Markets in India [J]. Journal of Development Economics, 1997, 53 (2): 339-371.

[144] KRUGMAN PAUL. Increasing Returns and Economic Geography [J]. Journal of Political Economy, 1991, 99 (3): 483-99.

[145] LEVIN L. Are Assets Fungible? Testing the Behavioral Theory of Life-cycle Savings [J]. Journal of Economic Behavior and Organization, 1998, 36 (1): 59-83.

[146] LOVENHEIM M F. The Effect of Liquid Housing Wealth on College Enrollment [J]. Journal of Labor Economics, 2011, 29 (4): 741-771.

[147] LOVENHEIM M F, Reynolds C L. The Effect of Housing Wealth on College Choice: Evidence from the Housing Boom [J]. Journal of Human Resources, 2013, 48 (1): 1-35.

[148] MAZUR A, MICHALEK J. Marriage, Divorce, and Male Testosterone [J]. Social Forces, 1998, 77 (1): 315-330.

[149] MCNOWN R, RAJBHANDARY S. Time Series Analysis of Fertility and Female Labor Market Behavior [J]. Population Economics, 2003, 16 (3): 501-523.

[150] MENG X. Unemployment, Consumption Smoothing, and Precautionary Saving in Urban China [J]. Journal of Comparative Economics, 2003, 31 (3): 465-485.

[151] MIAN A, RAO K, SUFI A. Household Balance Sheets, Consumption, and the Economic Slump [J]. The Quarterly Journal of Economics, 2013, 128 (4): 1687-1726.

[152] MIAN A, SUFI A. House Prices, Home Equity-Based Borrowing, and the US Household Leverage Crisis [J]. American Economic Review, 2010, 101 (5): 2132-2156.

[153] MILLER M, STIGLITZ J. Leverage and Asset Bubbles: Averting Armageddon with Chapter 11? [J]. The Economic Journal, 2010, 120 (544): 500-518.

[154] MODIGLIANI F, BRUMBERG R E. Utility Analysis and the Consumption Function: An Interpretation of Cross-section Data [J]. Journal of Post Keynesi-

an Economics, 1954.

[155] MUELLBAUER J, MURPHY A. Booms and Busts in the UK Housing Market [J]. The Economic Journal, 1997, 107 (445): 1701-1727.

[156] MULDER C H. Home-ownership and Family Formation [J]. Journal of Housing and the Built Environment, 2006, 21 (3): 281-298.

[157] NAKAGAMI Y, PEREIRA A M. Housing Costs and Bequest Motives [J]. Journal of Urban Economics, 1991, 33 (1): 68-75.

[158] OGAWA K, WAN J. Household Debt and Consumption: A Quantitative Analysis Based on Household Micro Data for Japan [J]. Journal of Housing Economics, 2007, 16 (2): 127-142.

[159] PAN L, XU J. Housing Price and Fertility Rate [J]. China Economic Journal, 2012, 5 (2): 97-111.

[160] PURNANANDAM A. Originate-to-distribute Model and the Subprime Mortgage Crisis [J]. Review of Financial Studies, 2011, 24 (6): 1881-1915.

[161] REN Y, YUAN Y. Why the Housing Sector Leads the Whole Economy: The Importance of Collateral Constraints and News Shocks [J]. The Journal of Real Estate Finance & Economics, 2014, 48 (2): 323-341.

[162] ROSENBAUM P R, RUBIN D B. Constructing A Control Group Using Multivariate Matched Sampling Methods That Incorporate the Propensity Score [J]. The American Statistician, 1985, 39 (1): 33-38.

[163] SCHOLNICK B. Consumption Smoothing after the Final Mortgage Payment: Testing the Magnitude Hypothesis [J]. Review of Economics and Statistics, 2013, 95 (4): 1444-1449.

[164] STEPHENS JR M. The Consumption Response to Predictable Changes in Discretionary Income: Evidence from the Repayment of Vehicle Loans [J]. Review of Economics and Statistics, 2008, 90 (2): 241-252.

[165] STIGLITZ, JOSEPH E, ANDREW WEISS. Credit Rationing in Markets with Imperfect Information [J]. The American Economic Review, 1981, 71 (3): 393-410.

[166] WALENTIN B K, SELLIN P. Housing Collateral and the Monetary Transmission Mechanism [J]. The Scandinavian Journal of Economics, 2014, 116 (3): 635-668.

[167] WANG P, CHONG K Y, SCOTESE C A. Fertility Choice and Economic

Growth: Theory and Evidence [J]. Review of Economics & Statistics, 1991, 76 (2): 255-266.

[168] WANG X, WEN Y. Can Rising Housing Prices Explain China's High Household Saving Rate? [J]. Federal Reserve Bank of St. Louis Working Paper Series, 2010.

[169] WEI S J, ZHANG X. The Competitive Saving Motive: Evidence from Rising Sex Ratios and Savings Rates in China [J]. Journal of Political Economy, 2011, 119 (3): 511-564.

[170] WEN Y. Residential Investment and Economic Growth [J]. Annals of Economics & Finance, 2001, 2 (2): 437-444.

[171] XIE Y, ZHU H. Do Sons or Daughters Give More Money to Parents in Urban China? [J]. Journal of Marriage and Family, 2009, 71 (1): 174-186.

[172] YOSHIKAWA H, OHTAKA F. An Analysis of Female Labor Supply, Housing Demand and the Saving Rate in Japan [J]. European Economic Review, 1989, 33 (5): 997-1023.

[173] ZABEL J E. Migration, Housing Market, and Labor Market Responses to Employment Shocks [J]. Journal of Urban Economics, 2012, 72 (3): 267-284.

[174] ZELDES S P. Consumption and Liquidity Constraints: An Empirical Investigation [J]. Journal of Political Economy, 1989, 97 (2): 305-346.

國家圖書館出版品預行編目（CIP）資料

中國房地產市場的微觀經濟影響研究：理論與實證 / 李江一 著. -- 第一版.
-- 臺北市：財經錢線文化, 2020.05
　　面；　公分
POD版

ISBN 978-957-680-416-8(平裝)

1.不動產業 2.中國

554.89　　　　　　　　　　109005593

書　　名：中國房地產市場的微觀經濟影響研究：理論與實證
作　　者：李江一 著
發 行 人：黃振庭
出 版 者：財經錢線文化事業有限公司
發 行 者：財經錢線文化事業有限公司
E-mail：sonbookservice@gmail.com
粉絲頁：　　　　　網址：
地　　址：台北市中正區重慶南路一段六十一號八樓815室
8F.-815, No.61, Sec. 1, Chongqing S. Rd., Zhongzheng Dist., Taipei City 100, Taiwan (R.O.C.)
電　　話：(02)2370-3310　傳　真：(02) 2388-1990
總 經 銷：紅螞蟻圖書有限公司
地　　址：台北市內湖區舊宗路二段121巷19號
電　　話：02-2795-3656　傳真:02-2795-4100　網址：
印　　刷：京峯彩色印刷有限公司（京峰數位）

　　本書版權為西南財經大學出版社所有授權崧博出版事業股份有限公司獨家發行電子書及繁體書繁體字版。若有其他相關權利及授權需求請與本公司聯繫。

定　　價：350元
發行日期：2020年05月第一版
◎ 本書以POD印製發行